KB265084

성공하는 기업의 필수조건

재무코칭

이토 요우

한국재정경제연구소

이 책은 재무가 전공이 아닌 비즈니스맨도 재무에 대하여 쉽게 접근하여 활용하는데 목적을 두고 저술하였습니다. 기업가치를 향상시키기 위하여 어떻게 하면 좋을지 구체적인 해결책을 강구하는데 도움을 주고자 하였습니다.

재무는 사업의 실태를 파악하여 경영전략을 세우고 실천하는데 꼭 필요한 것입니다. 기업을 변혁시키기 위해서는 자신의 회사를 정확하게 파악하는 것이 출발점이 됩니다. 재무는 사업의 결과를 반영한 것으로, 어떤 사업활동이 어떻게 재무제표에 나타나는지를 이해할 수 있으면, 재무숫자로부터 사업의 특징, 사업의 문제점 등에 대해서 정확하게 파악할 수 있습니다. 회사외부의 사람이라도 재무 숫자를 이해하면 상대 회사에 대한 정확한 파악이 가능합니다.

저자는 오랫동안 재무분야에서 활동하면서 실천적인 노하우를 바탕으로 이해하기 쉽게 설명하였습니다. 이 책을 읽고 저자와 같은 관점에서 자신의 회사를 분석하여 보기 바랍니다. 지금까지 알지 못했던 자사의 실제 모습을 파악하여 자사를 변혁하는 경영전략을 수립하는데 많은 힌트를 얻을 수 있을 것입니다. 또한 금융사업을 하고 있는 사람도 고객의 기업을 파악하는데 도움이 될 것입니다.

기업에서 재무관리의 역할은 연구개발, 생산, 판매라고 하는 사업의 본질에 대하여 어디까지나 보조하는 역할입니다. 재무관리는 그 자체로 기업을 크게 성장시키거나 화려하게 변화시키지는 않습니다. 재무전문가가 아닌 비즈니스맨은 이 책의 내용으로도 충분하다고 생각되며, 필요이상으로 재무관리 공부에 열중하기보다는 그 대신 사업전략을 생각하고, 실행하는 것에 시간과 에너지를 투자하고 열중하는 것이 필요하다고 생각됩니다.

이 책으로 재무를 이해하고 기업을 성장시키는데 조금이나마 도움이 되었으면 합니다.

— 이토 요우

제1장 적은 자본으로 많이 버는 것이 좋은 기업이다.

재무의 관점에서 기업을 볼 때 될 수 있는 한 적은 돈으로 많은 이익을 올리는 기업이 수익률이 높은 우량기업으로, 수익률을 향상시키기 위해서는 무엇이 재무포인트인가를 설명하였다.

제2장 돈은 회전이 생명이다.

기업은 '돈→상품→돈'이라는 돈의 회전을 통하여 돈을 벌어들인다. 이를 위하여 상품을 구매해서 판매하고, 그 대금을 회수한다고 하는 회전뿐만 아니라, 고정자산에도 회전이 필요함을 설명하였다.

제3장 대차대조표는 3가지로 나누어 생각한다.

대차대조표를 필요운전자본, 고정자산, 자금조달 등 3가지로 나누어 생각하고, 이는 각각의 역할과 자금회전에 대하여 어떤 역할로 사업을 뒷받침하는가에 대하여 대차대조표를 통하여 설명하였다.

제4장 손익계산서로부터 돈의 흐름을 이해한다.

　매출액으로부터 시작하여 분기별 순이익까지의 손익계산서의 항목을 보면서, 매출액에 근거해서 기업에 들어오는 돈과 매입금이나 경비, 세금 등의 기업에서 나가는 돈의 흐름에 대하여 대차대조표의 항목과 비교하여 살펴본다.

제5장 이익과 현금의 증가는 일치하지 않는다.

　기업의 흑자 도산의 매커니즘을 이해하고, 기업의 운명을 좌우하는 자금조달에 대하여 현금의 움직임과 이익의 증감에 대하여 살펴보고, 자금조달표를 작성하는 방법을 설명하였다.

제6장 현금흐름표의 작성과정을 이해하자.

　사업기간 동안의 현금흐름을 이해하기 위하여 손익계산서와 대차대조표의 돈의 흐름과 관련된 항목의 계산방법과 결정과정을 이해하고, 이를 통하여 현금흐름표를 작성하는 방법을 설명하였다.

제7장　은행은 재무가 건전한 기업을 좋아한다.

　은행의 입장으로 보면 기업의 재무가 건전하다는 것은 대출금의 회수가능성이 높다는 것이다. 경상이익, 자기자본비율, 단기부채, 차입금에 대한 반제 유유 등을 살펴보고, 돈의 회전기간에 대하여 설명하고, 건전한 대차대조표의 형태에 대하여 설명하였다.

제8장 주주는 높은 수익을 기대할 수 있는 기업을 좋아한다.

주주의 관점에서 어떤 회사가 투자하기 좋은 회사인지를 '고수익 고위험'의 원칙에 근거하여 설명하고, 이를 위하여 자금제공자에게 지급하는 비용을 계산하는 방법과 차입금을 줄이는 방법, 주주의 요구수익률과 기업실적을 평가하는 기업실적평가지표에 대하여 설명하였다.

제9장 기업가치와 주주가치는 이렇게 평가한다.

기업가치와 주주가치는 어떻게 평가하는지, 기업가치의 향상을 위하여 어떤 노력을 해야 하는지 또는 적대적 인수합병에 대비하기 위하여, 중장기경영계획을 세우기 위하여 필요한 기업가치와 주주가치를 계산하는 방법에 대하여 사례를 들어 설명하였다 .

제10장 재무로 지키고 전략으로 공략한다.

기업의 실태를 파악하여 그에 맞는 사업전략을 구사하기 위하여, 사업포트폴리오 분석방법을 제시하고, 그에 맞는 사업전략을 구사하여 사업의 실제를 바꾼 사례를 들어 설명하였다.

차 례

제8장 주주는 고수익을 기대할 수 있는 기업을 선호한다

제1장
적은 자본으로 많이 버는 기업이 좋은 기업이다

1. 사업과 재무는 동전의 앞뒷면과 같다

재무를 공부하기 앞서 가장 기본적인 것부터 알아보자. 그것은 '일상적인 사업활동과 재무는 동전의 앞뒷면과 같은 관계'라는 것이다. 바꾸어 말하면 재무는 재무만으로 독립되어 존재하지 않는다. '사람, 물건, 돈'이 움직이는 사업활동을 돈이라는 단일한 척도로 보는 것, 그것이 재무의 세계이다.

따라서 재무에 대해서 생각할 때에는 평소 사업 실태가 어떻게 되었는지를 함께 생각할 필요가 있다. 재무적으로 기업을 본다고 하는 것은, 돈을 단면으로 기업활동을 분석하고 사업의 실태에 다가서는 것이다. 재무와 사업활동 사이를 오고 가면서 그 기업의 본질적인 과제에 대해 그 해결을 위한 실마리를 찾는 그것이 재무를 기준으로 기업을 보는 중요한 포인트이다.

재무에 변화가 일어나고 있다는 것은 사업의 실태 면에서 변화가 있었기 때문이다. 사업 활동에서의 변화가 재무의 변화로 나타난다고 하는 견해와 사고방식을 잊지 말아야 한다.

2. 돈은 돈을 자본으로 번다

기업의 성립을 금전적인 면에서 살펴보면 우선 사업을 하기 위한 자본이 되는 돈을 모아서 사업에 사용할 것으로 바꾸고 사람이 잘 사용해 돈을 모으는 구조이다(그림1).

돈을 누구로부터 어떠한 형태로 얼마를 모았는지는 대차대조표의 우측에, 모인 돈은 얼마이며 어떠한 것(= 자산)으로 바꾸는 사업에 사용했는지는 대차대조표의 좌측에 있다(그림2). 그리고 대차대조표의 좌측에 기재된 자산을 사용해 얼마를 벌었는지는 '손익계산서'에 기재되어 있다. 손익계산서에는 일정한 사업 기간에(통상적으로는 1년간) 어느 정도 매출이 생기고, 그 매출을 달성하기 위해서는 얼마만큼의 비용이 필요하며, 정산결과 어느 정도의 이익이 나왔는지가 기록되어 있다.

그림1 돈을 자본으로 돈을 번다

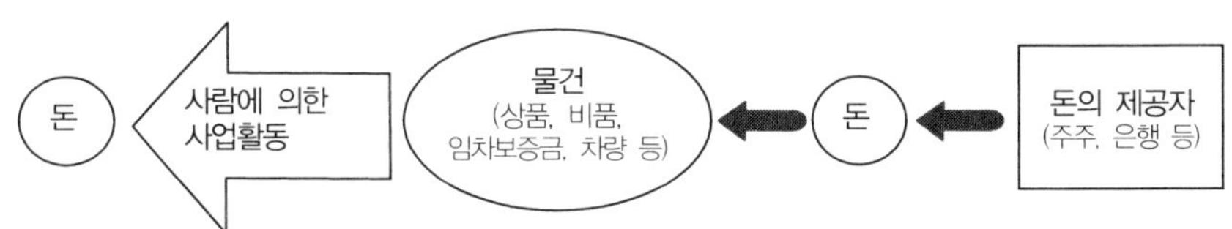

적은 자본으로 많이 버는 기업이 좋은 기업이다

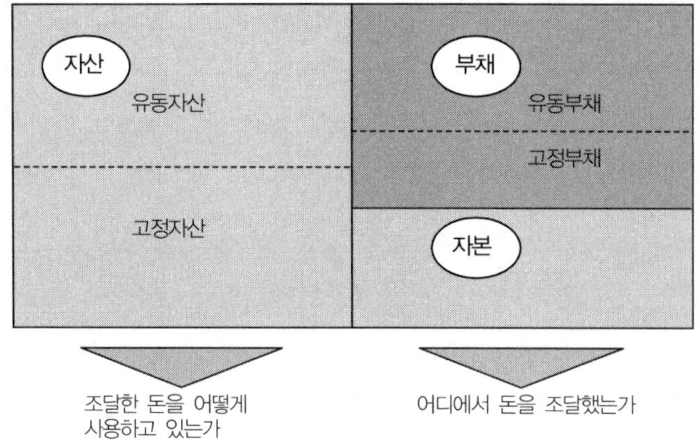

사업을 시작할 경우 우선 돈을 조달할 필요가 있다. 사업을 시작하려고 하는 사람 자신이 돈을 내놓을 수도 있고, 동료들이 모으는 경우도 있다. 또한 기존의 기업이나 부자에게 부탁해 돈을 받거나, 일부 자금은 은행에서 빌려 시작할 수도 있다. 기업이 탄생하는 첫날은 조달된 돈(= 현금)만이 대차대조표에 기록된 상태로 시작한다.

사업의 자본인 돈은 사무실을 빌릴 때에 '임차 보증금'이 되고, 판매하기 위한 상품을 사들이면 '재고자산'이 되며, PC를 사면 '비품'이 되는 식으로 다른 자산으로 형태를 바꾸어 간다. 자본인 돈은 다양하게 형태를 바꾸면서, 사업을 통해 돈을 벌기 위해 사용된다.

돈을 자본으로, 돈을 버는 기계, 그것이 바로 기업이다.

3. 타인의 돈을 공짜로 사용할 수 없다

돈을 내는 측은 무엇을 기대하고 돈을 내는 것일까? 그것은 자신이 낸 돈이 불어나는 것이다.

종종 '돈에 색은 없다'고 한다. 말하자면 돈을 내는 사람에게 있어서 사업에 색은 없다는 것이다. 자신이 낸 돈을 늘려 줄 기업이라면 뭐든지 좋다(물론, 반사회적인 사업, 법률을 위반하는 사업은 곤란하다).

자본주의에서 투자자·자본가란 그런 것이다.

다르게 말한다면 돈을 내는 측은 돈을 빌려주는 대신에, 돈을 늘려줄 담보(= 수익)를 기업에 요구하는 것이지, 기업에 돈을 기부하는 독지가가 아니라는 것이다. 은행도 주주도 기업에 수익을 요구한다. 타인의 돈은 공짜로 사용할 수 없다.

4. 우량기업의 대차대조표

공짜로 사용할 수 없는 돈이라면 즉, 비용이 드는 돈이라면 가능한 적게 사용하는 것이 돈을 사용하는 측이 당연히 생각해야만 하는 것이다.

가능한 돈을 사용하지 않고 많은 돈을 번다는 것은, 적은 자본으로 많이 버는 기업이 돈의 관점에서 본 '우량기업' 이다. 이것은 말할 것도 없이 사업을 할 경우, 가능한 적은 자본으로 보다 많이 버는 기업이 좋은 것은 당연하다.

앞에서도 언급한 바와 같이, 대차대조표의 우측은 기업이 어디에서 돈을 조달했는지, 좌측은 조달한 돈이 어떻게 재산(=자산)으로 모습을 바꾸어, 사업에 사용되었는지를 나타낸다.

조달한 돈 이상으로 자산을 가지고 있지 않기 때문에, '가능한 적은 자본으로 많이 번다'는 것은, '될 수 있는 한 자산을 갖지 않고 많이 번다'는 것이 된다. 즉, 가능한 적은 조달비용의 대차대조표 내용으로 보다 많은 이익을 올리는 기업이 재무의 관점에서 본 '우량기업' 이다.

5. 이익률이 높은 기업이 우량기업

그림3을 보자. 그래프의 가로축에 자산(자금)을, 세로축에 이익을 취하고 있다. 가능한 적은 금액의 대차대조표로 많은 이익을 올린다는 것은, 같은 자산을 사용한다면 보다 큰 이익을, 같은 이익이라면 보다 적은 자산으로, 라는 뜻이다. 따라서 그림의 화살표의 기울기가 급한 쪽이 우량기업이 된다.

그림3 이익률이 높은 기업이 우량기업

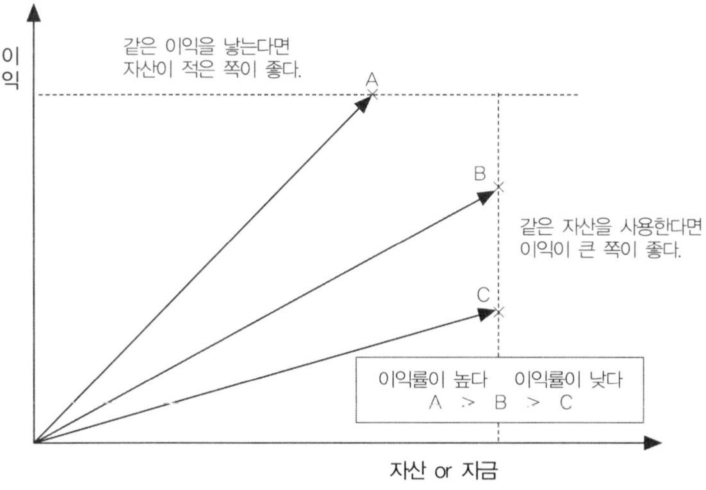

적은 자본으로 많이 버는 기업이 좋은 기업이다

이 화살표의 경사는 투자된 자금에 대한 '이익률'을 나타낸다. 예금을 맡길 때의 이익률이란, 예금하는 원금으로 이자를 나눈 것이다. 기업에 비교하여 생각하면, 기업에 들어간 돈이 '원금', 이익이 '이자'가 된다.

적은 비용의 대차대조표 내용으로 많은 이익을 올리는, 이익률이 높은 기업이 재무적으로 좋은 기업이다.

이익률은 기업 전체 뿐만 아니라, 현장 단계로 옮겨 생각할 수 있다.

어느 고객과의 거래에 어느 정도의 자본이 들고, 어느 정도 벌어들일까?

또한, 연구개발테마는 몇 년 동안 돈을 얼마나 들여, 어느 정도 매출과 이익을 기대할 수 있는 것일까?

신제품은 생산라인설비에 어느 정도 돈이 투자되어야하며, 생산 라인에서 얼마의 수량이 생산되어야 신제품의 이익이 발생하는가?

소프트웨어 개발에 돈은 어느 정도 들며, 어느 정도의 이익을 기대할 수 있는가?

자신의 업무를 적은 자본으로 많은 이익을 낸다는 관점으로 자신의 업무를 평가하면 이익은 얼마나 되는가?

이와 같이 현장 단계에서도 이익률에 관해 체크해야만 하는 것이 많이 있다.

제2장
돈은 회전이 생명이다

1. 돈은 회전이 몇 번이나 가능한가

그럼 가능한 돈을 쓰지 않고 돈을 벌기 위해서는 어떻게 하면 좋을까? 여기에서는 같은 돈을 몇 번 사용해 돈을 회전시키는가 하는 것이 포인트이다(도요타 생산방식은 얼마나 돈을 고회전시키는가를 추구한 시스템으로 시작은 자금조달이 곤란한 시대에 어떻게 적은 자본으로 사업을 유지하고 확장할지를 생각한 끝에 생겨난 산물이라고 한다).

기업에서 일반적으로 보여지는 '매입 → 판매 → 대금회수'의 사이클이란, '돈 → 물건 → 돈'의 사이클이다.

우선, 현금을 지급하고 판매할 상품을 사들인다. 이것이 '매입'이다. 여기에서 돈이 물건으로 바뀐다. 다음으로 상품을 판매하여 대금을 받는다. 여기에서 물건이 돈으로 바뀐다.

'돈 → 물건 → 돈'은 회전을 얼마나 하는가, 같은 돈을 몇 번이나 사용할 수 있는가. 이것이 돈을 적게 사용하면서 얼마의 이익률을 올리는가를 좌우하는 포인트이다.

예를 들면, 건강기구를 파는 장사를 시작한다고 하자. 20만원의 자금으로 1세트에 10만원의 기구를 2세트 사들여 1세트에 15만원씩 30만원으로 판매했다. 이 경우, 자금인 20만원이라는 돈은 일단 2세트의 건강기구라는 물건이 되어 판매되고 대금을 받음으로써 30만원이라는 돈이 되었다. 이것이 1년간 이루어진 모든 거래라고 한다면, 20만원의 자금은 1회전하여 30만원으로 증가해 10만원의 이익을 올리게 된 것이다.

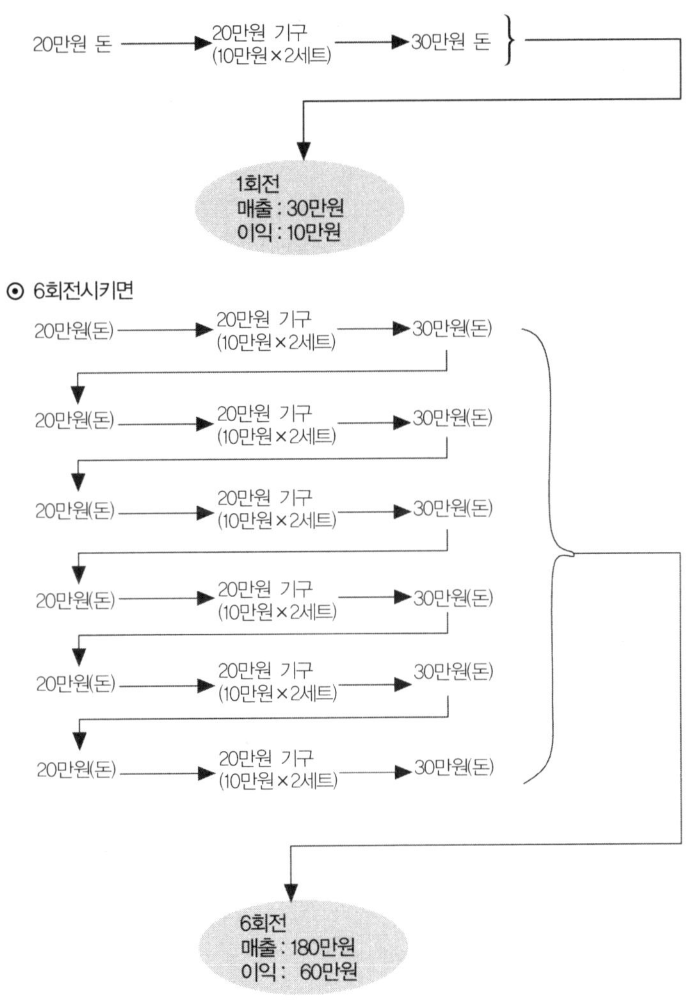

만약, 1년간 2세트를 20만원으로 사들여 이것을 30만원으로 팔고 여기에서 회수한 30만원 중 20만원으로 다시금 2세트를 매입하는 식의 '매입 → 판매 → 대금회수' 사이클을 6번 반복해서 합계 180만원의 매출을 올릴 수 있다고 한다면, 20만원의 자금으로 60만원(10만원×6번)의 이익을 올린 것이 된다. 앞의 예에서는 20만원은 1회전밖에 못했지만, 이번 예에서는 6회전 했다. 같은 자금으로도 회전율을 높일 수 있다면, 매출이 증가하고, 보다 많은 이익이 발생될 수 있다는 것을 알 수 있다(그림4).

2. 외상매입은 자금회전을 증폭시킨다

만약 매입의 반을 현금이 아닌, 외상으로 할 수 있다면 어떻게 될까? 예를 들어 20만원의 자금으로 2세트는 현금매입, 2세트는 외상으로 매입하여 4세트를 사들일 수 있다. 이것을 60만원에 판매하고, 회수한 대금으로 외상으로 사들인 부분 20만원을 지급한다. 사이클 1번으로 20만원의 이익을 얻을 수 있다. 이것을 1년간 6번 반복할 수 있다면 매출은 360만원으로 이익은 120만원이 된다(그림5).

외상으로 사들일 수 있기 때문에 같은 20만원의 자금으로 2배의 장사를 할 수 있다. 앞에서의 6회전이 이번에는 20만원이 12회전하고 있다. 외상으로 한 매입은 같은 자금으로 보다 큰 장사를 하기 위한 증폭기 역할을 하고 있다.

이익률을 계산해 보면, 1회전일 경우에는 50%(10만원/20만원), 현금 장사로 6회전일 경우에는 300%(60만원/20만원), 외상으로 구입하여 12회전한 경우에는 600%(120만원/20만원)이다. 회전이 많을수록 같은 자금으로 보다 많은 이익과 이익률이 오르는 것을 알 수 있다.

이와 같은 예에서 알 수 있듯이 사업의 자금인 돈을 가능한 유효하게 사용하기 위해서는 회전을 많이 하는 즉, '구입 → 판매 →대금회수' 사이클을 보다 많이 회전시키는 것이 중요하다. 가장 좋은 것은 '사들이면 바로 팔고, 동시에 대금을 현금으로 받는 형태'이다. 즉, 매입한 것을 재고로 만들지 말고, 가능한 빨리 판매하여 그 판매대금을 빨리 회수하는 것이 회전율을 올리기 위한 최선의 방책이다.

그림5 **외상으로 매입하여 회전 UP**

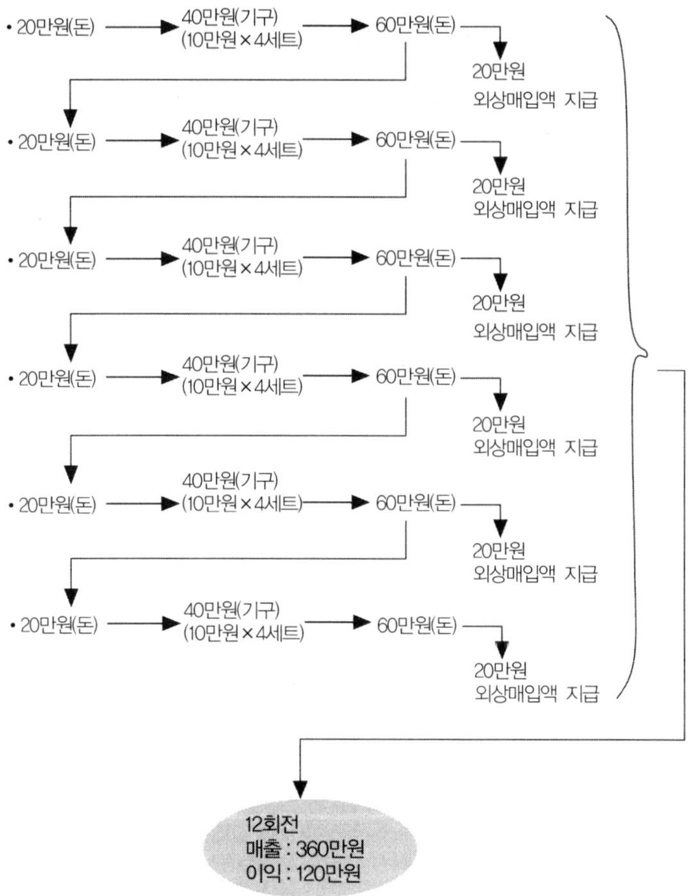

3. 고정자산은 회전하지 않는다

모든 자산이 회전하는 것은 아니다. 대차대조표 좌측에 있는 자산 중에서 아래쪽에 있는 '고정자산'이라 불리는 것은 회전하는 자산이 아니다(회전하는 자산은 '유동자산'으로 대차대조표의 좌측 위에 놓여진다. 그림2).

고정자산의 대표적인 것으로, '토지, 건물, 기계장치, 차량운반구'와 같은 것이다. 그 자체는 형태를 바꾸지 않고, 상품을 사들여 판매하는 사이클, 즉 '돈 → 물건 → 돈'의 회전을 뒷받침하는 자산이다.

또한 사무실을 빌릴 때에 사무실 소유자에게 맡기는 '임차보증금', 사업을 하는데 장기간에 걸쳐 사용되는 '소프트웨어'와 같은 자산도 고정자산에 포함된다. 사업을 원활하게 하기 위해 보유하고 있는 거래처 등의 주식, 혹은 자회사 및 관련회사의 주식, 이들에게의 대부금과 같은 것도 고정자산이 된다.

4. 고정자산도 회전이 필요하다

실은 고정자산도 회전하고 있다. 단지 그 회전이 느려서 몇 년에 걸쳐 나누어 자금을 회수하기 때문에 계속 회전하는 '유동자산'에 대해 '고정자산'으로 불리고 있습니다. '돈→물건→돈'의 사이클은 고정자산에도 살아 있다.

예를 들어 설비투자를 생각해 보자. 설비투자란 돈을 기계장치나 건물 토지로 바꾸는 것이다. 고정자산을 보유하는 목적도 어디까지나 기업전체의 목적과 동일하며 매출을 늘리고 투입한 자금(= 물건으로 일단 바뀐 돈)을 회수하면서 돈을 늘리기 위함이다.

자본 제공자는 돈을 낸 기업에 대해, 그 돈을 늘려줄 것을 기대하고 있다. 따라서 기업으로서 그 기대에 부응하기 위해서는 투자한 설비로 생산한 제품을 판매하여 그 대금에서 원재료비나 인건비, 광열비 등의 생산이나 판매에 든 다양한 경비를 공제한 나머지에서, 설비투자액을 웃도는 자금을 회수해야만 한다.

토지를 제외한 '유형고정자산(건물, 기계장치, 기구비품, 차량 등)'에는 물리적으로도 경제적으로도 수명(= 내용연수)이 있다. 물리적인 내용연수란, '고장나지 않고 언제까지 사용할 수 있는가'하는 것이다.

경제적인 내용연수란, '그 설비에서 생산되는 제품이 언제까지 팔리는가' 하는 것이다.

설비투자에 대한 자금회수는 투자설비의 물리적, 경제적인 수명이 다하기 전에 완료될 필요가 있다. 만약 완료되지 않는다면 설비에 투자한 돈은 그 부분만큼 설비(물건)로 바뀌어, 그 설비는 더 이상 사용할 수 없거나 혹은 그 설비에서 생산된 제품은 더 이상 팔리지 않게 된다. 즉, 돈이 늘기는커녕, 반대로 감소하게 된다. 자금회수가 끝나기 전에 팔리는 제품을 만들지 못하게 된 설비와 팔리지 않는 물품을 재고로 갖고 있는 것은 모두 물건으로 바뀐 돈을 회수할 수 없다는 의미에서와 같다.

토지를 제외한 유형고정자산에는 '감가상각'이 있지만, 감가상각은 투입한 자금을 회수하는 과정이라 생각할 수 있다. 감가상각을 하여 적자를 내지 않는다는 것은 적어도 '감가상각비' 부분만은 현금이 기업에 남아 그 부분만 투자를 회수한 것이 된다.

장기에 걸쳐 보유해야 하는 자산은 장기에 걸쳐 투입한 자금을 회수하기보다는 단기에 회수하는 것이 좋다. 이것을 제도적으로 정한 것이 감가상각이라 한다면, 토지는 그 위에 세운 건물이나 기계장치를 바꾸어 계속 사용할 수 있기 때문에, 토지에는 감가상각이 없는 것이다.

제3장
대차대조표는 3가지로 나누어 생각한다

1. 필요운전자본은 회전한다

대차대조표는 기말시점에 기업의 모습을 찍은 이른바 스틸사진이다. 좌측에 '자산', 우측에 '부채'와 '자본'이 있다(그림6, 7).

좌측의 자산부분의 위에 '유동자산', 그 아래에 '고정자산'이 있다. 우측의 부채도 자산과 동일하게 위에 '유동부채', 아래에 '고정부채'가 있다. 고정부채 아래에 자본이 있다.

유동자산을 보면, 제조업의 경우 위에서 '현금 → 매출채권(받을어음 → 외상매출금) → 재고자산(제품 → 재공품 → 원재료)'로 나열되어 있다(여기에서는 많은 기업에 보여지는 것과 같이 외상판매가 행해지는 것을 전제로 한다. 또 유가증권은 예금이 형태를 바꾼 것으로 생각하여 무시한다). 제조를 하지 않고 사들인 상품을 판매하는 기업의 경우에는 '현금 → 매출채권(받을어음 → 외상매출금) → 재고자산(상품)'으로 되어 있다.

이를 반대로, 재고자산 쪽에서 보게 되면, 자본으로서의 돈(현금)이 다음과 같이 '돈 → 물건 → 돈'으로 회전을 하고 있다는 것을 알 수 있다.

대차대조표는 어느 시점(통상적으로는 기말시점)에서 기업의 자산과 그 뒷받침이 되는
자금조달을 나열한 것이다. 대차대조표의 좌측은 기업이 조달한 돈을 어떻게 사용하고
있는지를 나타낸다.

<table>
<tr><td colspan="2" align="center">대차대조표</td></tr>
<tr><td>자산 부분
【유동자산】
현금
받을어음
외상매출금
유가증권
재고자산

【고정자산】
토지 · 건물
기계장치
무형고정자산
투자유가증권</td><td>부채 부분

자본 부분</td></tr>
</table>

좌측

자산 부분—회사의 재산 목록

【유동자산】 (→통상 1년 이내에 현금이 되는 자산 그룹)
- 현금　　　　　　(현금과 예금의 합계. 바로 사용할 수 있는 돈)
- 받을어음　　　　(판매대금으로서 수취한 어음. 기일까지 현금화되지 않는다)
- 외상매출금　　　(외상 매출한 금액. 기일까지 현금화되지 않는다)
- 유가증권　　　　(단기적인 자금 운용으로서의 유가증권)
- 재고자산　　　　(이른바 재고물품. 팔리지 않으면 현금이 되지 않는다)
  - 제품　　　　　(자사에서 제조하고 판매하는 것)
  - 상품　　　　　(매입하여 판매하는 것)
  - 재공품　　　　(제조공정 도중에 있는 것)
  - 원재료　　　　(제품을 제조하는 재료가 되는 것)
- 미수금　　　　　(주된 사업에서 판매한 상품이나 서비스의 대금 이외의 미 회수분)
- 선급금　　　　　(상품 대금 등을 위탁처, 매입처에 선급한 것)
- 선납비용　　　　(보험료 등 비용 항목이 되는 서비스의 대금을 미리 지급한 것)
- 단기대부금　　　(1년 이내에 갚아야 하는 대부금)
- 부가가치세　　　(매입대금 중 부가가치세 부분)

【고정자산】 (→통상 1년 이내에 현금이 되지 않는 자산 그룹)
- 토지 · 건물　　　(본사, 영업소, 공장 등)
- 기계장치　　　　(공장의 기계 설비 등)
- 차량운반구　　　(영업차, 트럭 등)
- 무형고정자산　　(영업권, 특허권 등 장기화 권리)
- 투자유가증권　　(거래 관계에 기초하는 주식 보유 등)

대차대조표의 우측은 기업이 어떻게 돈을 조달하고 있는지를 나타낸다.

대차대조표	자산 부분	부채 부분 【유동부채】 지급어음 외상매입금 단기차입금 【고정부채】 장기차입금
		자본 부분 자본금 자본준비금 잉여금

우측

부채 부분 — 거래상대, 금융기관 등으로부터의 자금조달

【유동부채】(→통상 1년 이내에 갚아야할 의무가 있는 것)
- 지급어음　　　　(매입대금을 지급한 어음. 기일까지 현금지급이 유예되어 있음)
- 외상매입금　　　(외상으로 매입한 금액, 기일까지 현금지급이 유예되어 있음)
- 미지급금　　　　(고정자산 등 매입 이외의 목적으로 구입한 것의 대금, 일시적인 지급 비용의 미지급 분)
- 미지급비용　　　(계속적으로 서비스를 받는 급여, 보험료, 임대료 등의 미지급 분)
- 단기차입금　　　(은행 등으로부터의 차입금 중, 1년 이내에 갚아야 하는 것)
- 미지급법인세 등 (아직 세무당국에 납부되지 않은 법인세 등의 세금)
- 선수금　　　　　(상품대금 등을 판매처로부터 미리 전해진 것)
- 부가세　　　　　(판매대금 중 부가가치세 부분)

【고정부채】(→1년 이내에 갚아야 할 의무는 없지만, 언젠가 반드시 갚아야 하는 것)
- 장기차입금　　　(은행 등으로부터의 차입금. 갚아야 하는 기일이 1년 초과인 것)
- 사채　　　　　　(보통사채와 전환사채가 있다)
- 퇴직급여충당금 (종업원의 퇴직금, 기업연금 등 지급의무가 발생하는 부분)

자본 부분 — 자본금, 자본준비금은 주주로부터 조달한 자금. 갚아야 할 의무는 없다. 매기 당기순이익은 배당, 임원상여를 지급한 후, 잉여금에 축적되어 간다. 반대로 손실이 계산되면 잉여금이 줄어든다. 따라서 그 기업의 현재까지의 손익 결과를 집약한 것이 자본계정.

참고　잉여금 / 회사사업기간(연수) = 평균당기순이익

이 숫자 2, 3년의 당기순이익을 비교하면 과거에 벌어들이던 기업인지, 최근 들어 벌어들이고 있는지, 과거에는 손실이 계산되는 등, 힘든 시기가 있었는지 추측할 수 있다.

대차대조표는 3가지로 나누어 생각한다

❶ 돈이 구매나 제조공정을 통해, 판매하기 위한 물건(재고자산)으로 바뀐다.
❷ 판매된 시점에서 기일 안에 돈을 지급 받는다는 약속(매출채권)을 한다.
❸ 지급받는 기일이 다가와 다시 돈(현금)이 된다.

즉, 기업은 자본으로서 돈이 형태를 바꾼 '재고자산+매출채권'에 상당하는 돈을 회전시켜 장사를 하고 있다는 것이다.

제조업을 좀더 자세히 살펴보면 제품을 만든다는 것은 원재료를 사람이나 기계가 가공하는 것이다. 제품이란 원재료(돈을 지급하여 구입한 물건)에, 그 제품을 만들기 위해 사용된 인건비(회계상으로는 공장에서 일한 사람의 비용을 '노무비'이라고 한다), 그 제품을 만들기 위해 사용한 기계의 비용(감가상각비 등), 기계를 움직이기 위한 비용(연료비, 전력비, 가스·수도비 등)과 같은 돈이 부가된 것이다. 따라서 제조업에서도 돈이 제조공정을 통해 제품이라는 물건으로 바뀌어 그 제품이 판매되고 판매대금을 회수함으로써 돈으로 되돌아오는 구도는 동일하다.

대차대조표의 우측 유동부채에는 '외상매입금', '지급어음'이 있다(이 두 가지를 함께 '매입채무'라 하고 매출채권에 대응하는 말이다). 구매처에 대하여, 지급기일(예를 들어 2개월 후 월말)을 정하고, 대금 지급을 기다리는 상태이다.

앞에서와 같이 이 매입채무가 있다는 것은 '재고자산+매출채권(외상매출금+받을어음)'의 금액에 해당하는 자본이 없다면 현재 규모의 장사가 불가능한 것으로, 매입채무(외상매입금+지급어음)액만큼, 적은 자본으로 장사를 할 수 있다는 의미이다.

이 '재고자산+매출채권(외상매출금+받을어음)'에서 '매입채무(외상매입금+지급어음)'를 뺀 것을 '필요운전자본'이라 부른다. 기업은 '필요운전자본'에 해당하는 자본금을 계속 회전시키며 사업을 한다는 것이다(그림8).

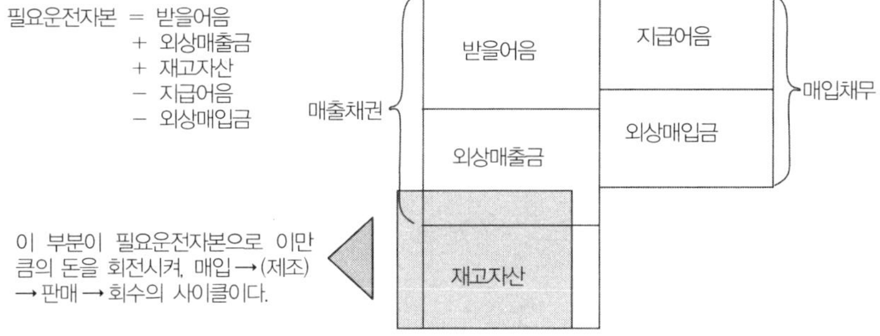

2. 필요운전자본은 업종에 따라 다르다

필요운전자본은 다음과 같다.

필요운전자본	=	매출채권 + 재고자산 − 매입채무

지금까지의 설명에서는 '매출채권+재고자산'이 '매입채무'보다 큰 것으로 설명했다. 실제로 그러한 기업이 일반적이지만, 그 중에는 '매입채무'쪽이 '매출채권+재고자산'보다 크고, 필요운전자본이 마이너스인 기업도 있다. 현금으로 매출을 올려, 재고는 적고 구매는 외상으로 하고 있는, 신선한 상품을 많이 취급하는 식품 슈퍼마켓 등을 예로 들 수 있다. 필요운전자본이 마이너스라는 것은 사업이 궤도에 오른 상태에서는 고정자산에 드는 자금 이외에는 자금조달을 필요로 하지 않고, 사업이 확대되면 될수록 자금에 잉여가 생기는 것이다.

또 사업의 성격상 재고가 존재하지 않는 기업도 있다. 상품을 판매하지 않고 서비스만을 제공하는 기업으로 예를 들면 인재파견사업, 영어회화학원, 미용실 등이다.

이러한 업종에서는 고객으로부터의 입금(외상으로 팔면 매출채권, 선금으로 받는 경우는 선수금이 되어, 매입채무에 해당)과 서비스제공을

위한 원가의 지급(매입채무에 해당. 대부분의 경우 인건비 먼저) 사이
의 타이밍이 어긋남에 따라 필요운전자본이 플러스(입금이 후, 지급이
먼저)가 되거나, 마이너스(입금이 먼저, 지급이 나중에 자금잉여가 생
김)가 된다.

3. 고정자산은 비즈니스 사이클을 뒷받침한다

사업에 필요한 자본은 이뿐만이 아니다. 필요운전자본에는 '고정자산'이 있다. 고정자산이란 '돈→물건→돈'의 비즈니스 사이클을 뒷받침하는 자산이다.

이 고정자산도 앞에서 언급한 것처럼 '돈→물건→돈'의 회전(단, 필요운전자본 보다는 천천히)을 하고 있다. 사업에는 '필요운전자본＋고정자산'에 필적하는 자본이 필요하다. 조달한 돈이 물건으로 바뀐 상태를 나타내고 있는 것이 대차대조표의 좌측이다.

4. 대차대조표로 자금조달을 이해한다

그럼 이 '필요운전자본＋고정자산'에 해당하는 자본을 어떠한 형태로 기업은 조달하고 있는 것일까?

대차대조표의 우측에 있는 '차입금'과 '자본'이 이에 해당한다(그림9).

차입금은 대부분의 경우 은행에서 조달되고, 자본은 주주의 것이다. 즉 기업은 사업의 자본을 은행과 주주로부터 각각 조달하고 있는 것이다.

그림9 대차대조표는 3가지로 나누어 생각한다

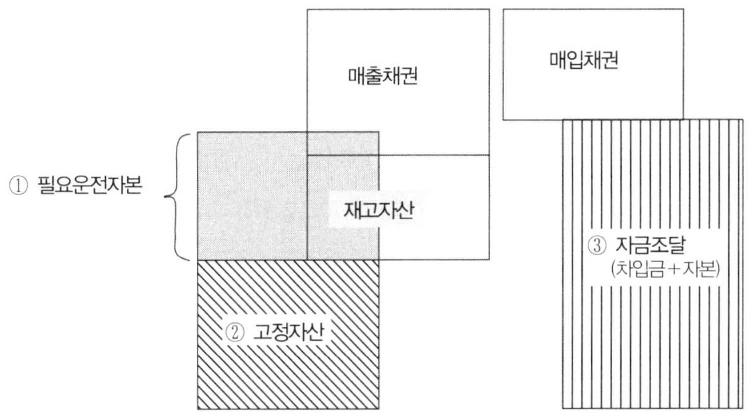

자본이라는 것은 주주로부터 원래 조달한 자금에 매년 이익을 주주에게 이익배당하거나 임원에게 상여금을 지급한 것을 제외한 이익을 추가 한 것이다. 사외지급을 하지 않은 이익은 주주의 것이기 때문에 자본은 모두 주주로부터 예치된 것이다.

그런데 이 2종류의 자금조달(차입금, 자본)은 그 성격이 매우 다르다. 은행에서 돈을 빌릴 경우, 다음 2가지를 반드시 약속한다.

❶ 이자를 언제, 얼마큼 지급할 것인가
❷ 원금의 반제는 언제 할 것인가

이자지급과 원금반제의 약속이 없는 차입은 없다.

한편, 주주로부터의 자금조달은 이자의 지급 약속도 없으며, 언제까지 갚아야 한다는 약속도 없다. 차입금에 대한 이자는 '정해진 기일에 정해진 금액을 지급할' 것을 약속하는데 비해, 배당은 기업에서 보면 벌면 지급하면 되기 때문에, '반드시 언제 어느 때 지급하라는 재촉이 없는' 것이다.

기업에게 있어 주주로부터의 자금조달은 일단 조달되고 나면, 수익의 지급약속도, 반제약속도 없는 어떤 의미에서는 지극히 편리한 대물이다(단, 세상이 그렇게 일방적으로 쉬울 리가 없다. 주주로부터 예치된 자본이 차입금보다두 매우 언겨한 성질을 갖고 있는 것에 대해서는 뒤에서 서술하겠다).

제4장
손익계산서로 돈의 흐름을 이해한다

1. 매출이 올라도 현금이 부족할 수 있다

손익계산서의 구성은 그림10과 같다. 손익계산서는 연초에서 연말까지의 1년간 전체의 사업활동의 결과를 표기한 것이다.

그림10 손익계산서의 이해

손익계산서는 어느 시기(통상적으로 1년 간)의 기업의 사업활동의 결과를 집계한 것으로, 기업의 수익, 비용, 이익의 구조를 나타낸다.

매출액	제품, 상품, 서비스의 판매액
–) 매출원가	판매된 제품의 제조비용, 판매된 제품의 매출액
=) 매출총이익	판매된 제품, 상품으로부터 어느 정도 벌어들였는가를 나타냄
–) 판매비와 일반관리비	판매활동이나 관리활동에 든 비용. 본사, 영업소, 연구소 등의 비용
=) 영업이익	영업활동으로부터 벌어들인 것을 표시. 기업의 가장 기본적인 수익력
+) 영업외이익	영업활동에는 기초하지 않지만, 경상적으로 발생하는 수익. 주로 이자수익·배당금수익
–) 영업외비용	영업활동에는 기초하지 않지만, 경상적으로 발생하는 비용. 주로 지급이자
=) 경상이익	기업의 계속적인 영업활동 및 재무활동 등으로부터 어느 정도 벌어들였는가를 나타냄
+) 특별이익	계속적이지 않고 임시 또는 이상적으로 발생한 이익
–) 특별손실	계속적이지 않고 임시 또는 이상적으로 발생한 손실
=) 세금공제전당기순이익	기업의 모든 활동으로부터 어느 정도 벌어들였는가를 나타냄
–) 법인세 등	당기의 소득에 대해 세법에 기초해 계산된 법인세·주민세 등 금액
±) 법인세 등 조정액	세법에 기초해 계산된 법인세 등에 관해 회계상의 선불, 미지급에 해당하는 것
=) 당기순이익	세금공제 후에 최종적으로 남은 이익. 반드시 현금의 증가와는 일치하지 않는다.

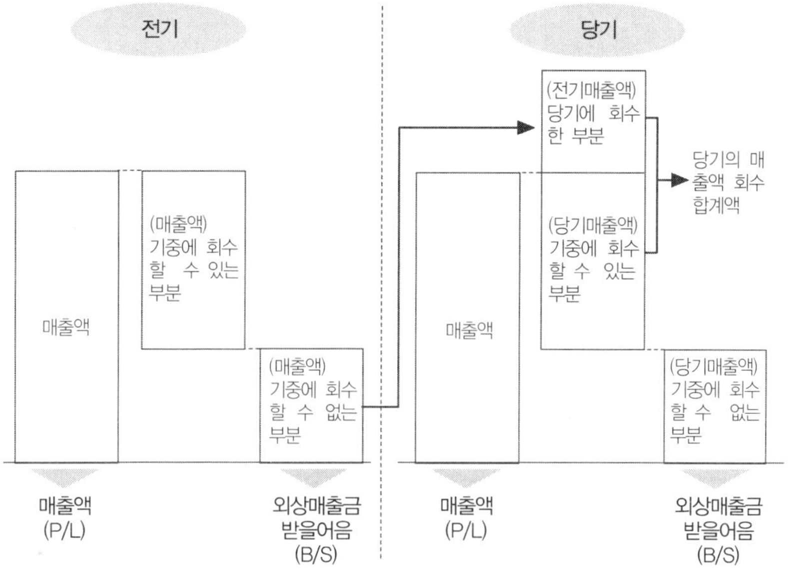

매출에 관해 중요한 것은 '매출과 매출대금의 회수는 별개이다'라는 것이다. 당기의 매출 중 기말시점에서 아직 대금을 회수하지 못한 것으로 외상매출금·받을어음으로 매출대금 회수액의 관계는 그림11과 같다.

이 대금 회수의 방법을 어음을 사용하는 경우와 사용하지 않는 경우로 나누어 설명하면 다음과 같다.

어음을 사용하지 않는 회사의 경우, 외상매출금의 회수기일에 현금으로 회수하다. 기말시점에서 기일이 도래하지 않은 외상매출금이 대차대조표에 계산된다(그림12).

 매출대금의 회수(외상매출금 만으로 어음을 사용하지 않는 경우)

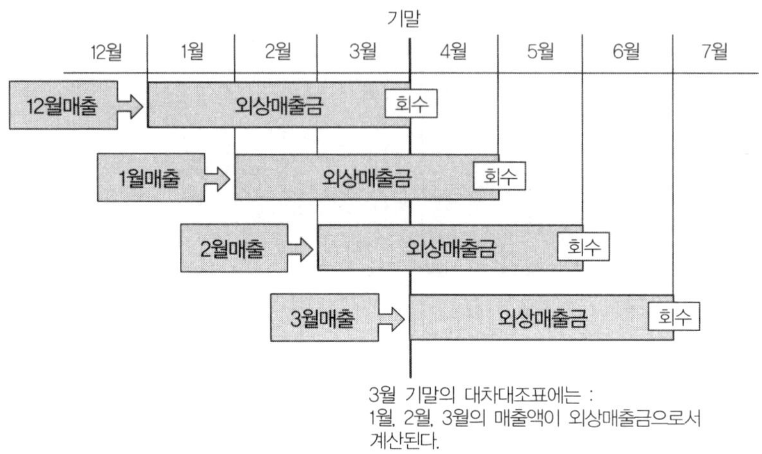

　어음을 사용하는 회사의 경우, 예를 들면 '월말 마감, 다음달 말 3개월 어음으로 회수'라는 조건으로 판매를 하고 있다고 하자. 이 경우 3월중에 매출대금에 대해서는 3월말에 정리하여, 4월말에 7월말일이 지급기일인 어음을 수취하여, 7월말의 어음기일에 현금으로 회수하게 된다. 3월말이 기말이라고 하면 대차대조표에 계산되는 외상매출금이 되는 것은, 3월중에 판매한 것만으로, 12월, 1월, 2월에 판매한 분이 받을어음으로서 계산되게 된다. 11월의 매출은 3월말에 어음기일이 와서 회수되기 때문에, 그 부분은 대차대조표에 계산되지 않는다(그림13).

 매출대금의 회수(외상매출금, 받을어음 양쪽이 있는 경우)

월말 마감, 다음달 말 수취, 3개월 어음으로 회수라는 조건으로 판매한 경우

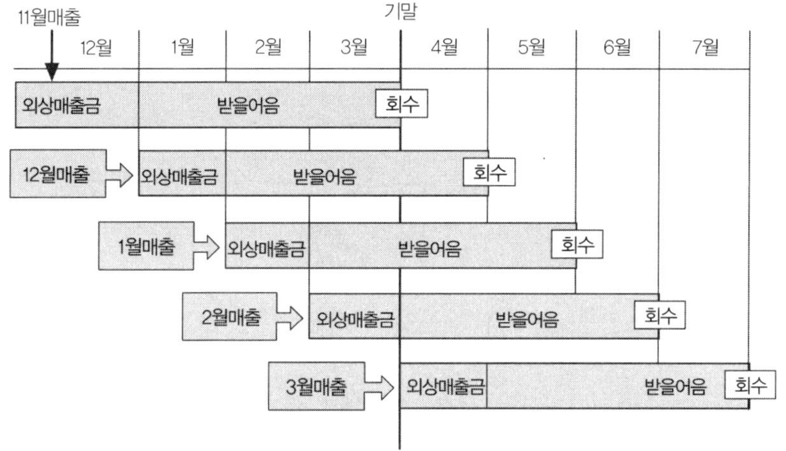

3월 기말의 대차대조표에는 :
12월, 1월, 2월의 매출액이 받을어음으로서, 3월의 매출액이 외상매출금으로 계산된다.

매출채권의 회수가 예상대로 이루어지지 않으면 매출은 올라 이익은 나오는데도, 다양한 지급에 사용하는 현금이 부족하게(= 자금조달이 잘 되지 않는다) 될 수밖에 없다. 매출채권의 회수가 확실히 이루어지고 있는지, 항상 체크하는 것이 필요하다.

2. 매출원가는 팔린 물건의 비용이다

매출원가란 판매한 물건을 손에 넣기 위해 지급한 비용이다. 매출액으로부터 매출원가를 공제하여 얻어진 이익이 '매출총이익'이다.

상품을 판매할 경우, 통상적으로는 재고를 판매하는 것이기 때문에 판매된 재고상품 취득비용이 매출원가이다.

제조업의 경우는 조금 더 복잡하다. 앞에서도 설명한 것처럼, 제품을 만든다는 것은 원재료를 사람이나 기계가 가공한다는 것이다. 즉, 제품이란 원재료의 비용에, 그 제품을 만들기 위해 사용된 인건비(회계상으로는 공장에서 일한 사람의 비용을 '노무비'라고 한다), 그 제품을 만드는데 사용한 기계의 비용(감가상각비 등), 기계를 움직이기 위한 비용(연료비, 전력비, 가스·수도비 등)이나 외주처에 지급하는 비용(외주가공비)과 같은 것이 또한 부가된 것이다.

1년간 사용한 원재료의 취득비용에, 1년간 든 노무비나 경비(외주가공비, 감가상각비 등)를 추가한 것이 '제조총비용'이다. 단, 완성품(＝제품)이 되었지만 아직 판매되지 않은 것(재고자산 중인 제품), 말기시점에서 제조도중인 것(재공품)이 있다. 따라서 이들 금액을 조정하여 판매된 제품의 비용 즉 매출원가를 산정한다(그림14).

 제조업의 매출원가

제조에 필요한 비용은 다음의 그림과 같은 경로로 매출원가가 된다. 매출원가는 매출 시에만 손익계산서에 계산되기 때문에, 생산공정에서 투하된 비용은 판매되기까지 사이에, 제품이 재공품에 포함되는 형태로 대차대조표에 계산되어 있다.

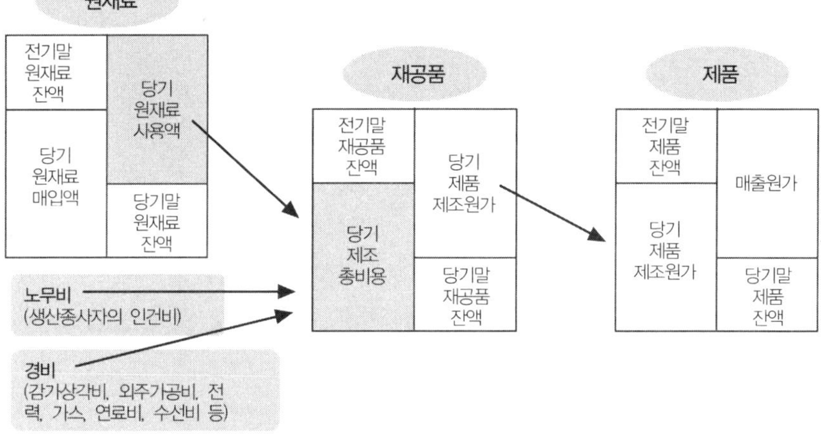

이들 비용은 제품을 판매함으로써 회수된다. 반대로 말하면 '팔리지 않는 한 노무비 등의 비용은 지급이 끝나 돈은 회사 밖으로 나갔지만, 지급된 비용은 재고로 잠든 채 회수되지 않았다'는 이야기가 된다.

예를 들면 인건비와 노무비와 같이 비슷하게 사람과 관련된 비용이라도, 판매비와 일반관리비로 계산되는 것(인건비)은 선급, 후급에 의한 시간의 차이가 약간 있을 뿐, 비용계산타이밍과 지급타이밍에 크게 차이는 없다. 한편, 제조에 관한 비용(노무비)은 재고에 계속 잠든 채, 현금지급 타이밍과 손익계산서에 비용이 계산되는 타이밍이 크게 차이가 나는 경우가 생긴다.

이 경우 돈이 먼저 나가고, 상응한 비용의 계산이 없는 시기(즉, 제품은 완성되었지만 팔리지 않는 시기)에는, 이익이 그만큼 많이 계산되게 되어, 이익의 움직임과 돈의 움직임이 일치하지 않게 된다.

3. 재고의 증가는 돈의 흐름이 막히는 것이다

제조를 하지 않고 사들인 상품을 판매하는 기업을 생각해 보자. 전기말(= 당기초)의 상품 잔액에 당기에 사들인 상품을 추가해, 거기에서 당기 중에 판매된 부분(재고자산에서 꺼낸 부분)을 뺀 것이 당기말의 상품 잔액이다.

전기말상품 + 매입액 − 당기판매분 = 당기말상품

이 된다(그림15).

그림15 매출원가의 재고자산

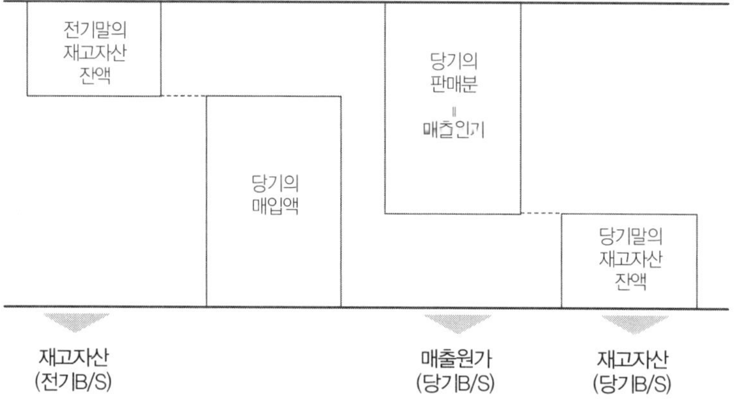

여기에서 '당기판매분'이 매출원가이기 때문에,

전기말상품 + 매입액 − 매출원가 = 당기말상품

이 된다.

결산에서는 우선, 기말의 상품잔액을 실지재고조사를 하여 확정하고, 거기에서 매출원가를 산출한다. '매출원가 = 전기말상품＋매입액－당기판매분'이다.

이 식을 변형해 보면,

매입액 = 매출원가 + 당기말상품 − 전기말상품

이 된다.

이것은 사들인 부분이 모두 팔린다면(매입액과 매출원가 [당기의 판매분]이 동일하다면), 전기말과 당기말에서 재고금액에 변화는 없다는 것이다. 사들인 부분보다 팔린 부분이 적으면, 당기말의 재고는 전기말과 비교해 증가한다. 또한 사들인 부분보다 팔린 부분이 많으면, 재고는 줄어든다.

여기에는 단순히 팔고 남은 것이 있는지 없는지 하는 것 이상의 의미가 포함되어 있다. 재고(재고자산)란 무엇일까? 재고란, '돈→물건→돈'의 사이클 중, '돈→물건'의 전환만이 완료된 상태이다. 즉, 돈은 지급했지만, 재고 판매에 의한 자금회수의 보증은 없는 상태이다. 따라서 재고가 증가한다는 것은, 돈이 또한 추가적으로 밖으로 나가고 있다는 것이다. 손에 쥐고있는 예금을 깨고 있는 것이라면 낫겠지만, 돈을 빌려 재고가 쌓이고, 그 재고가 생각했던 것보다 팔리지 않아서, 즉 '물건→돈'의 전환이 진행되지 않아, 차입금을 갚지 못하게 된다면 진정 악몽과 같다.

4. 매입과 매입대금지급은 방법에 따라 다르다

그럼 매입과 매출원가, 재고비용에 대해 설명한데 이어, '돈→물건'의 전환에 해당하는 매입대금의 지급에 대해 생각해 보자.

그림6 매입과 매입대금의 지급

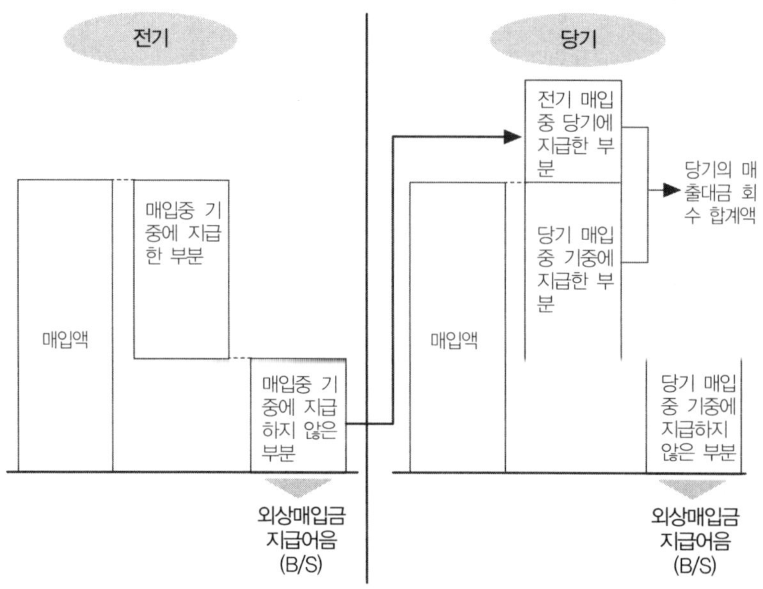

매입대금을 현금으로 지급하면, '매입액 = 매입대금지급액'이다. 즉, 매입한 부분만큼 현금이 밖으로 나가면 끝나는 것이다(물론 사들인 물건을 판매하여 대금을 회수한 시점에서, 돈이 회사로 들어와 그 물건만큼 현금이 증가한다).

외상으로 사들인 경우, 매입은 했지만 기말 시점에서 아직 지급하지 않은 것은, '외상매입금'이나 '지급어음'으로서 대차대조표 우측에 계산된다. 이 외상매입금이나 지급어음은 지급을 약속한 기일인 다음 기에 지급이 행해진다. 매출액과 외상매입금, 지급어음, 매입대금지급액의 관계는 그림16과 같다.

이 지급 방법도 어음을 사용하는지, 사용하지 않는지에 따라 다르다.

어음을 사용하지 않는 회사의 경우 외상매입금의 지급기일에 현금으로 지급하여 완료된다(그림17).

그림17 매입대금의 지급(외상매입금만으로, 어음을 사용하지 않는 경우)

월말 마감, 3개월 후 지급이라는 조건으로 판매한 경우

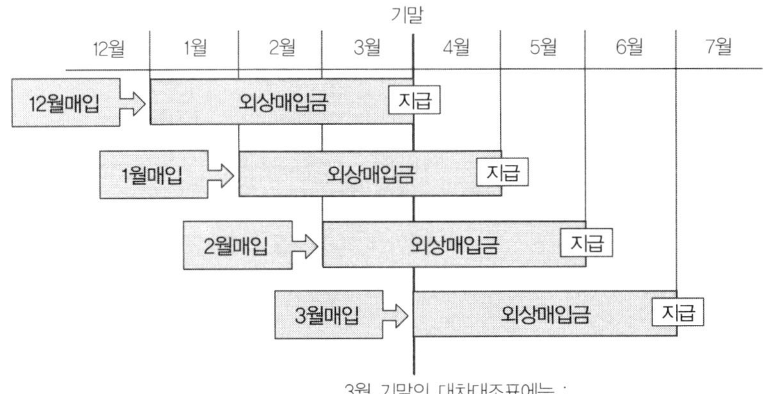

어음을 사용하는 회사의 경우에는 예를 들어, '월말 마감, 다음달 말 3개월 어음으로 지급'이라는 조건으로 구매를 한다면, 3월중 매입한 대금은 3월말에 정리하여, 4월말에 7월 말일이 지급기일인 어음으로 지급되고, 7월말의 어음 기일에 현금으로 지급하게 된다.

따라서 3월말이 기일이라고 하면, 대차대조표의 외상매입금이 되는 것은, 3월중에 매입한 것만으로 12월, 1월, 2월에 매입한 부분의 대금이 지급어음으로서 계산되게 된다. 11월에 매입한 부분은 3월 말에 어음 기일이 다가와 지급이 완료되었기 때문에, 대차대조표에는 계산되지 않는다(그림18).

그림18 **매입대금의 지급(외상매입금, 받을어음 양쪽이 있는 경우)**

월말 마감, 다음달 말 인도, 3개월 어음으로 지급이라는 조건으로 판매한 경우

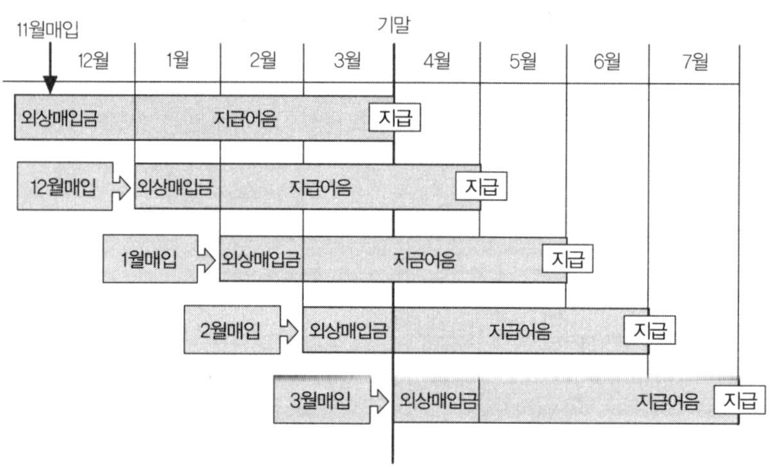

3월 기말의 대차대조표에는 :
12월, 1월, 2월의 매입액이 지급어음으로서, 3월의 매입액이 외상매입금으로 계산된다.

5. 비용의 선급과 후급은 대차대조표에 나타난다

'판매비와 일반관리비'는 제품, 상품, 서비스의 판매활동, 회사의 관리활동에 드는 비용을 나타낸다. 매출총이익에서 판매비와 일반관리비를 빼고, 얻어지는 이익이 '영업이익'이다.

비용의 지급에는 '선급', '후급'이 으레 따르기 마련이다. 선급, 후급이란 대상이 되는 서비스를 받는 타이밍과 비용의 지급 타이밍의 차이를 말하는 것이다.

예를 들어, 4월분의 임대료를 3월 20일에 모두 지급했다고 하자. 3월말의 기말 시점에서 지급은 완료되었지만, 아직 4월이 되지 않았기 때문에 4월의 사무실 사용은 하지 않은 것이 된다. 여기에서 지급은 했지만, 앞으로 사용한다는 의미에서 당기 대차대조표의 자산 부분에 '선급비용'으로서 계산된다(그림19).

그림19 **선급비용의 예**

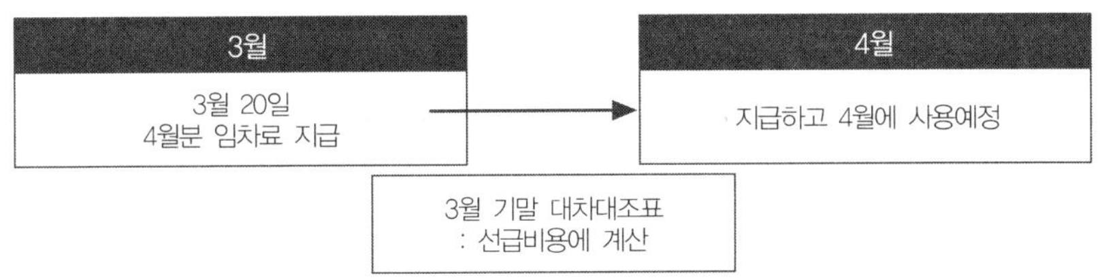

3월중에 지급한 자금에 상응하는 사용은 하지 않았기 때문에 손익계산서의 판매비와 일반관리비로 계산은 다음 기에(서비스를 받은 기에 계산) 하게 된다.

한편, 3월분의 광열비 청구는 통상 4월이 된 후에 온다. 비용은 지급하지 않았지만, 서비스 제공은 미리 받은 것이기 때문에, 손익계산서상에 이 3월분의 청구액은 판매비와 일반관리비로서 계산된다. 또한 3월 기말의 대차대조표에는 부채 부분에 '미지급비용'으로서 계산된다(3월말 시점에서는 이 금액은 회사로서는 알지 못하지만, 계산 작업은 기말이 끝나는 다음 기가 된 후에 이루어지기 때문에, 청구가 온 단계에서 금액이 확정되고, 손익계산서와 대차대조표에 계산된다. 그림20).

또, 급료 계산의 방법은 회사에 따라 차이가 있지만, 21일부터 다음달 20일까지의 부분을 다음달 25일의 급료 일에 지급하는 회사의 경우, 3월의 기말시점에는 3월 21일부터 3월 31일까지의 기간에 상당하는 부분은, 사원에게 일을 하게 했지만, 급료는 지급되지 않은 분이 되기 때문에, 대차대조표의 미지급비용으로서 부채로 계산된다(손익계산서에서는 당기비용으로서 계산).

또, 잔업비용은 그달 분을 모아 다음달 급료 일에 지급하기 때문에, 3월말의 대차대조표에는 3월 분의 잔업비용이 동일하게 미지급비용으로서 부채로 계산된다(손익계산서에서는 동일하게 당기비용으로서 계산),

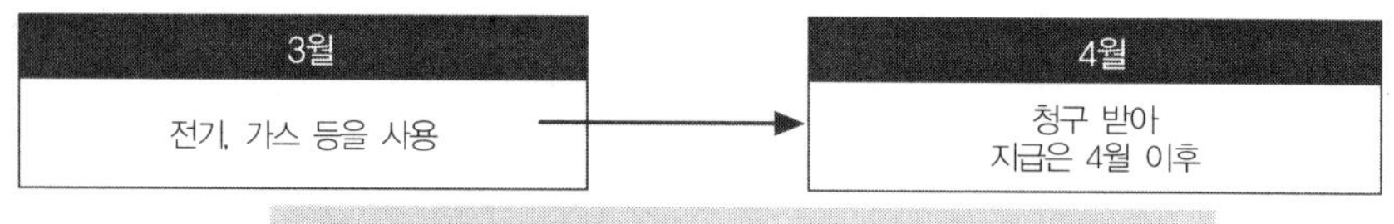

그림20 **미지급비용의 예**

6. 영업외손익은 재무활동의 결과이다

영업이익에는 '영업외이익'과 '영업외비용'이 있다. 영업외 주된 수익은 '이자수익'과 '배당금수익'이다. 대차대조표의 좌측에 있는 자산 중에서 영업활동에 사용되는 자산에서 발생되는 이익이 영업이익이다.

영업외이익은 자산 중에서 예금, 주식, 대부금과 같은 금융자산에서 나온 이른바 재무활동에서 발생한 이익이다.

영업외비용의 큰 부분을 차지하는 것은 '지급이자'이다. 이것은 차입금에 대한 1년 간의 지급이자를 합계한 것이다. 물론 기말시점에서는 이미 갚아서, 대차대조표에는 잔액이 없는 차입금이라도, 분기중의 차입금 잔액에 대한 이자액은 합계된다.

7. 경상이익은 모든 자산의 수익을 말한다

영업이익에 영업외이익을 플러스 한 다음 영업외비용을 마이너스하여 산출된 이익이 '경상이익'이다. 경상이익은 간단히 생각하면, 대차대조표의 좌측에 있는 모든 자산(본업에 사용되는 자산＋금융자산)이 벌어들인 이익에서 사업의 자본 중에 차입금의 조달비용(지급이자)을 빼고 남은 것이다.

경상이익 = 모든 자산에서 벌어들인 것 － 차입금이자

또한, '영업이익＋(이자수익＋배당수익)'을 '사업이익'이라 부르기도 한다. 사업이익은 기업의 영업활동과 재무활동을 종합한 이익으로 대차대조표의 좌측의 모든 자산을 사용해서 올린 이익이다.

사업이익 = 영업이익 ＋ (이자수익 ＋ 배당수익)

8. 회계와 세무의 차이를 조정하는 법인세등조정액

경상이익에 '특별이익'을 플러스하고, '특별손실'을 마이너스하여 산출되는 이익이 '세금공제전당기순이익'이다. 덧붙여 특별이익, 특별손실의 '특별'이란, '계속적으로 일어나지 않고, 임시 또는 특별한 사건에 기인하는 것으로, 계속적인 기업활동에서의 이익계산에는 관계없다'는 의미이다.

이 세금공제전당기순이익에서 세금을 공제한 것이 '당기순이익'이다. 그런데 이 '세금'이 만만치 않아 주의가 필요하다.

기업이 납부하는 세금에는 여러 가지 종류가 있다. 손익계산서상에 기재되는 세액은 대략적으로 1년간 벌어들인 것에 세율을 곱하여 산출한다. 그러나 이 벌어들인 것(회계에서는 '이익'이라 부르고, 세무에서는 '소득'이라 부른다)을 계산하는 방법이 회계(= 회사의 결산)와 세무(= 세법에 따른 계산)에서는 서로 다르다.

세금에 관련된 항목의 손익계산서상에서의 나열방법은, '세금공제전당기순이익' '법인세 등(법인세·주민세 등)' '법인세등조정액' '당기순이익'이 된다. 우선 '법인세 등'은 세무의 회계 룰에 따라 산출된 금액으로 회사가 실제로 지급한 세금의 금액이다. 단 실제로 세금을 납부하는 것은 다음 기가 된 후이다. 사업기 말부터 3개월 이내에 납부하는 것이 원칙이다. 따라서 손익계산서상의 '법인세 등'은 기말시점에서는 아직 지급을 하지 않았기 때문에, 대차대조표 상에서는 미지급비용과 같은 취급을 하며, '미지급법인세 등'으로서 부채로 계산된다.

한편, '법인세등조정액'은 세무 룰에 따라 계산된 '법인세 등'과 회계의 룰에 따라 계산된 이익(= 세금공제전당기순이익)에 대한 세액(세금공제전당기순이익에 실효세율을 곱해 산출한다)과의 차액을 조정하기 위한 것이다.

9. 회계와 세무는 이렇게 다르다

회계와 세무의 차이가 일어나는 예로서, '대손금(외상이나 빚 등을 떼임) 손실'에 대한 세금 부과에 대한 처리를 보자. 지금 7천만원의 외상매출금이 있는데 회수될 가능성이 극히 적은 상태이다. 회계상으로는 회수불능으로 추정할 수 있는 합리적인 근거가 있으면, 이 7천만원을 비용으로서, 수익에서 마이너스하여 이익을 계산할 수 있다. 그런데 세무상에서는 이 7천만원을 비용(세무에서는 '손금'이라 부른다)으로 할 수 있는지에 대해 매우 엄격한 기준이 있다.

예를 들어 상대 거래처가 법원으로부터 부도처리되거나, 파산선고를 받을 경우는, 손금으로 계산해 넣을 수 없다. 세무상의 손금으로 처리할 수 없다고 하면, 세금계산의 기초가 되는 소득은 회계상의 이익보다 7천만원 많아지고, 그 만큼 지급해야만 하는 세금은 많이 계산된다(그림21).

이 회계와 세무처리상 발생하는 세액의 차이를 조정하는 것이 '법인세등조정액'이며, 회계상 생각되는 세액과 세무상 실제로 지급하는 세액의 차액과 일치해야 한다.

그림21의 경우와 같이 손익계산서상의 '법인세등조정액'이 플러스인 경우 대차대조표의 좌측에 같은 금액의 '이연세금자산'이 계산된

그림21 세무와 회계의 세금계산~대손금을 세금으로 계산한 시점

(단위 : 백만원)

	회계상의 취급	세무상의 취급
대손공제전당기이익	100	100
대손(세무에서는 인정되지 않음)	–70	0
세금공제전당기순이익(세무상은 소득)	30	100
법인세 등	–12	–40
당기순이익	18	

'당기순이익'은 회계상의 취급과 동일

법인세 등은 세무상의 취급과 동일

	손익계산서 기재
대손공제전당기이익	100
대손	–70
세금공제전당기순이익	30
법인세 등	–40
법인세등조정액	28
당기순이익	18

'법인세등조정액'이 그림에서와 같은 경우, 대차대조표의 좌측에 동액의 '이연세금자산'이 계산된다.

법인세 등을 세무상의 취급과 동일하게 하고, '당기순이익'이 회계상의 취급과 동일해지도록 '법인세등조정액'에서 조정한다.

다. 이것은 회계상의 계산에서는 지급할 필요가 없는 세금을 이른바 '선급'하여, 그 부분을 대차대조표에 계산한 것으로 '선급비용'과 같은 사고방식이다(말하자면 '선급법인세'이다). 반대로 손익계산서상의 '법인세등조정액'이 마이너스인 경우에는 대차대조표의 우측에 '이연세금부채'가 계산된다(이것은 '미지급법인세'에 상당한다).

상래 이 같은 7전만원은 세무의 기준에서의 '대손금'으로 확정되었을 때에 세무상의 손금에 계산된다. 이 결산기에서는 회계상으로는 7천만원의 대손금이 이미 계산되었기 때문에 계산되지 않는다. 이 경우 회계상의 세액을 계산하는 방법이 세무상보다도 크게 되지만, 이 차이를 메우기 위해 '법인세등조정액'이 사용되고, 동시에 이전에 계산했던 '이연세금자산(이연법인세)'이 대신에 없어진다(대차대조표상의 선급비용 대신 동시에 손익계산서상에서 비용을 계산하는 것과 동일한 것이다. 그림22). 단, 먼저 현금으로 지급한 세금이 현금으로 일부 되돌아오는 것은 결코 없다.

만약, 회계상에서 세금으로 처리한 대손금이 후에 세무상의 손금이라 인정되게 된 시점에서, 그 기업의 실적이 나빠 이익이 계산되지 않으면 어떻게 될까? 그림23을 보자. 회계상의 세금공제전당기순이익(법인세비용차감전당기순이익)이 0이다. 세무상의 소득은 대손금을 계산하기 때문에 7천만원의 적자로 세금은 0이다. 이 경우, 회계상 생각되는 세액도 0, 세무상의 세액도 0으로 양쪽간의 조정이 불가능하기 때문에 법인세등조정액은 0이 되어, 그림22와 같은 순서로 이연세금자산을 깰 수는 없다.

그림22 세무와 회계의 세금계산~대손금이 세무 상 인정된 시점

(단위 : 백만원)

	회계상의 취급
대손금공제전당기이익	150
대손금(세무에서는 인정되지 않음)	0
세금공제전당기순이익(세무상은 소득)	150
법인세 등	−60
당기순이익	90

	세무상의 취급
	150
	−70
	80
	−32

	손익계산서 기재
대손금공제전 당기이익	150
대손금	0
세금공제전당기순이익	150
법인세 등	−32
법인세등조정액(세무조정액)	−28
당기순이익	90

그림23과 같은 경우가 생각될 경우, 즉 장래에 이익계산을 기대할 수 없고 이연세금자산을 계산해도 빼는것이 불가능하다고 생각될 경우에는 회계상 대손금의 세금처리를 한 시점에서 이연세금자산을 계산하는 것이 원래 불가능하다. 이 경우 '법인세등조정액'도 계산하지 않기 때문에 당기순이익의 금액은 감소한다. 그림21의 예에 따라 서술하면 세금공제전당기순이익 3천만원에 대해, 법인세 등이 4천만원이 되고, 법인세등조정액이 0이기 때문에 당기순이익은 마이너스 천만원으로 적자결산이 된다. 그 결과 대차대조표의 '자본부분'의 금액도 적어진다.

그림23 세무와 회계의 세금계산
~대손이 세무상 인정된 시기에 이익이 계산될 수 없다면 어떻게 되는가?

(단위 : 백만원)

세무상 대손금이 인정될 시기에 만약 회계상의 이익이 계산될 수 없는 경우, 회계상 결정되는 법인세 등의 금액은 0. 한편 세무상의 소득은 70의 적자가 되기 때문에 실제로 지불하는 세금도 0.

내　　　　　　용	회계상의 취급	세무상의 취급
대손공제전당기이익	0	0
대손(세무에서 겨우 인정됨)	0	70
세금공제전당기순이익(세무상은 소득)	0	−70
법인세 등	0	0
당기순이익	0	

법인세 등이 0, 당기순이익이 0이기 때문에, '법인세등조정액'에서 조정할 수도 없어, 이연세금자산을 뺄 수 없다.

장래 이와 같은 사태가 상정될 경우, 회계상 대손금의 세무처리를 한 시점에서, 원래 이연세금자산, 법인세등조정액의 계산이 불가능하다.

내　　　　　　용	손익계산서 기재
세금공제전당기순이익	0
법인세 등	0
법인세등조정액	0
당기순이익	0

참고 : 일단 이연세금자산을 폐인하고, 그 후 실제로 이와 같은 사태가 일어났을 때에는, 이연세금자산을 빼내어 회계상의 비용으로 계산한다.

제5장
이익과 현금의 증가는 일치하지 않는다

1. 흑자 도산이 발생하는 메커니즘

자금조달에 관한 3가지 간단한 사례를 들어 설명하려고 한다. 자본금으로서 현금 150원을 조달하여, 4월 1일부터 사업을 시작해, 9월 20일까지 6개월간 회계연도가 끝나는 것으로 가정하고 업종은 상품을 사들여 고객에게 파는 소매업이다. 매출금의 회수와 매입금 지급조건을 제외하고는 다음의 전제조건을 따른다.

1. 당월 판매분은 당월 매입한 것
2. 매출원가율 70%
3. 판매비와 일반관리비 20원(월액)
4. 판매비와 일반관리비는 당월에 현금지급

이러한 경우

[자금조달에 관한 세가지 사례]

① 매출금의 회수, 매입금의 지급은 모두 현금으로 당월에 처리한다.
② 매출금의 회수는 1개월 후, 매입금의 지급은 3개월 후 이다.
③ 매출금의 회수는 3개월 후, 매입금의 지급은 1개월 후 이다.

상기 각각의 사례로 기말 대차대조표를 완성해 보자. 세가지 사례 모두 배당 등의 지급액은 없다. 당월 순이익은 자본부분의 잉여금이 된다. 또 세금의 지급은 없는 것으로 한다.

그럼 그림24, 25, 26의 세가지 사례에 대한 문제를 해결해 보자.

그림24 **사례① 매출대금회수 : 당월현금회수, 매입대금지급 : 당월현금지급**

문제1 다음 빈칸을 채운 후에 기말대차대조표를 완성하라.

전제조건
- 당월 판매분은 당월 매입한 것
- 판매비와 일반관리비 20원(고정비 월액)
- 매출원가율 70%
- 판매비와 일반관리비는 당월에 현금지급

(단위 : 원)

내용	기수	4월	5월	6월	7월	8월	9월	합계
매출액	—	100	100	100	100	100	100	
매출원가	—	70	70	70	70	70	70	
판매비와 일반관리비	—	20	20	20	20	20	20	
이익	—	10	10	10	10	10	10	
매출대금회수	—							
매입대금지급	—							
판매비와 일반관리비 지급	—							
당월현금수지	—							
현금잔액	150							—

기초 B/S

현금 150	자본금 150

기말 B/S

계	계

 사례① 매출대금회수 : 당월현금회수, 매입대금지급 : 당월현금지급

전제조건
- 당월 판매분은 당월 매입한 것
- 판매비와 일반관리비 20원(고정비 월액)
- 매출원가율 70%
- 판매비와 일반관리비는 당월에 현금지급

(단위 : 원)

내　　　　　용	기수	4월	5월	6월	7월	8월	9월	합계
매출액	—	100	100	100	100	100	100	600
매출원가	—	70	70	70	70	70	70	420
판매비와 일반관리비	—	20	20	20	20	20	20	120
이익	—	10	10	10	10	10	10	60
매출대금회수	—	100	100	100	100	100	100	600
매입대금지급	—	−70	−70	−70	−70	−70	−70	−420
판매비와 일반관리비 지급	—	−20	−20	−20	−20	−20	−20	−120
당월현금수지	—	10	10	10	10	10	10	60
현금잔액	150	160	170	180	190	200	210	—

기초 B/S

현금 150	자본금 150

기말 B/S

현금　210	자본금　150 잉여금　　60
계　　210	계　　210

사례② 매출대금회수 : 1개월 후 현금회수, 매입대금지급 : 3개월 후 현금지급

문제2 다음 빈칸을 채운 후에 기말대차대조표를 완성하라.

전제조건
- 당월 판매분은 당월 매입한 것
- 판매비와 일반관리비 20원(고정비 월액)
- 매출원가율 70%
- 판매비와 일반관리비는 당월에 현금지급

(단위 : 원)

내　　　　　용	기수	4월	5월	6월	7월	8월	9월	합계
매출액	—	100	100	100	100	100	100	
매출원가	—	70	70	70	70	70	70	
판매비와 일반관리비	—	20	20	20	20	20	20	
이익	—	10	10	10	10	10	10	
매출대금회수	—							
매입대금지급	—							
판매비와 일반관리비 지급	—							
당월현금수지	—							
현금잔액	150							—

기초 B/S

현금 150	자본금 150

기말 B/S

계	계

이익과 현금의 증가는 일치하지 않는다

67

 사례② 매출대금회수 : 1개월 후 현금회수, 매입대금지급 : 3개월 후 현금지급

전제조건
- 당월 판매분은 당월 매입한 것
- 판매비와 일반관리비 20원(고정비 월액)
- 매출원가율 70%
- 판매비와 일반관리비는 당월에 현금지급

(단위 : 원)

내 용	기수	4월	5월	6월	7월	8월	9월	합계
매출액	—	100	100	100	100	100	100	600
매출원가	—	70	70	70	70	70	70	420
판매비와 일반관리비	—	20	20	20	20	20	20	120
이익	—	10	10	10	10	10	10	60
매출대금회수	—	0	100	100	100	100	100	500
매입대금지급	—	0	0	0	−70	−70	−70	−210
판매비와 일반관리비 지급	—	−20	−20	−20	−20	−20	−20	−120
당월현금수지	—	−20	80	80	10	10	10	170
현금잔액	150	130	210	290	300	310	320	—

기초 B/S

현금 150	자본금 150

기말 B/S

현금	320	외상매입금	210
		자본금	150
외상매출금	100	잉여금	60
계	420	계	420

> ※ 매출액과 매출대금회수의 차액 100이 외상매출금이 된다. 매출원가와 매입대금지급의 차액 210이 외상매출금이 된다.

문제3 다음 빈칸을 채운 후에 기말대차대조표를 완성하라.

전제조건
- 당월 판매분은 당월 매입한 것
- 매출원가율 70%
- 판매비와 일반관리비 20원(고정비 월액)
- 판매비와 일반관리비는 당월에 현금지급

(단위 : 원)

내　　　　용	기수	4월	5월	6월	7월	8월	9월	합계
매출액	—	100	100	100	100	100	100	
매출원가	—	70	70	70	70	70	70	
판매비와 일반관리비	—	20	20	20	20	20	20	
이익	—	10	10	10	10	10	10	
매출대금회수	—							
매입대금지급	—							
판매비와 일반관리비 지급	—							
당월현금수지	—							
현금잔액	150							—

기초 B/S

현금 150	자본금 150

기말 B/S

계	계

이익과 현금의 증가는 일치하지 않는다

 사례③ 매출대금회수 : 3개월 후 현금회수, 매입대금지급 : 1개월 후 현금지급

전제조건
- 당월 판매분은 당월 매입한 것
- 판매비와 일반관리비 20원(고정비 월액)
- 매출원가율 70%
- 판매비와 일반관리비는 당월에 현금지급

(단위 : 원)

내　　　　　　용	기수	4월	5월	6월	7월	8월	9월	합계
매출액	—	100	100	100	100	100	100	600
매출원가	—	70	70	70	70	70	70	420
판매비와 일반관리비	—	20	20	20	20	20	20	120
이익	—	10	10	10	10	10	10	60
				차입금+50				
매출대금회수	—	0	0	0	100	100	100	300
매입대금지급	—	0	−70	−70	−70	−70	−70	−350
판매비와 일반관리비 지급	—	−20	−20	−20	−20	−20	−20	−120
당월현금수지	—	−20	−90	−40	10	10	10	−120
현금잔액	150	130	40	0	10	20	30	—

주) 차입이자는 무시하고 있다

기초 B/S

현금 150	자본금 150

기말 B/S

현금　　　　30 외상매출금　300	외상매입금　70 차입금　　　50 자본금　　150 잉여금　　　60
계　　　　330	계　　　　330

　　우선 사례①은 판매도 매입도 당월에 현금으로 결제하기 때문에 이익과 현금의 증가분(월별현금수지)이 일치된다. 이익 60원은 잉여금으로서 기말의 대차대조표의 자본 부분에 계산된다.

　　사례②는 지급보다 먼저 회수가 있기 때문에, 현금은 순조롭게 증가해 간다. 기말시점에서는 9월 매출액을 회수할 수 없다. 외상매출금 100원, 동일하게 7월, 8월, 9월의 3개월분의 지급을 하지 않았기 때문에, 외상매입금이 210원 계산된다.

　　문제는 사례③이다. 조금 자세히 살펴보자. 4월은 판매비와 일반관리비 20원을 지급하기 때문에, 월말 현금잔액은 130원, 5월에는 판매비와 일반관리비 20의 지급에 매입대금의 지급 70원이 부가되어, 합계 90원을 지급하고, 월말의 현금잔액은 40원으로까지 감소된다. 매출대금의 회수는 아직 없다. 그리고 6월이다. 매입금과 판매비와 일반관리비를 합하여 90원을 지급해야만 하는데, 매출대금의 회수는 아직 없고 현금은 40밖에 수중에 없다. 이대로는 지급 불능이 되어, 자금조달이 어려워 도산하게 된다. 해답으로는 도산을 피하기 위해 50원을 차입하게 된다. 이 차입으로 6월을 견디고, 매출금의 회수가 시작되는 7월까지 회사를 유지하는 형태를 취한다.

　　여기에서 주의해야 할 것은 도산의 위기에 있었는데도 불구하고, 4월, 5월, 6월 모두 이익은 10원씩 나왔다는 것이다. ‘흑자 도산’의 극히 간단한 예이다(사례를 보면서 차입금 50원을 인식하지 못해도 별로 신경 쓸 필요가 없이 여기에서 자금조달이 불가능한데도 이익은 나오는 것을 확인하기 위한 것이다. 또한 차입금 중 30원을 기말에 갚고 기말 대차대조표의 차입금을 20원, 현금을 0원으로 해도 상관없다).

세가지 사례를 정리한 그림27을 보자. 우선 세가지 사례 모두 손익계산서는 완전히 동일하다(세금은 없는 것으로 한다). 그러나 자금조달 여유는 전혀 다르다.

사례②는 돈이 나가는 것보다 돈이 들어오는 것이 선행되므로 자금조달은 편하다.

한편, 사례③은 반대로 돈이 나가는 것이 돈이 들어오는 것보다 선행되기 때문에, 자금조달이 어렵고 도산 위기도 있다.

그림27 **사례①, ②, ③의 비교 정리**

내　용	사례①	사례②	사례③
매출대금회수	당기현금	1개월 후 현금	3개월 후 현금
매입대금회수	당기현금	3개월 후 현금	1개월 후 현금
판매비와 일반관리비 지급	당기현금	당기현금	당기현금
손익계산서	매출액 600 매출원가 420 판매비와 일반관리비 120 이익 60	매출액 600 매출원가 420 판매비와 일반관리비 120 이익 60	매출액 600 매출원가 420 판매비와 일반관리비 120 이익 60
대차대조표	현금 210　자본금 150 　　　　　잉여금 60 계 210　계 210	현금 320　외상매입금 210 외상매출금 100　자본금 150 　　　　　잉여금 60 계 420　계 420	현금 30　외상매입금 70 외상매출금 300　차입금 50 　　　　　자본금 150 　　　　　잉여금 60 계 330　계 330

이익을 보고있는 것만으로는 기업의 실태는 알 수 없다.

이익을 보고있는 것만으로는 기업의 실태는 알 수 없다.

□ 세가지 사례 모두 손익계산서는 동일
□ 그러나, 자금조달의 여유는 전혀 다르고, 그 결과는 대차대조표에서 나타난다.
□ 사례②는 돈이 나가는 것보다 돈이 들어오는 것이 선행하고, 자금조달은 좋다.
□ 사례③은 반대로 돈이 나가는 것이 돈이 들어오는 것보다 선행하기 때문에, 자금조달이 어렵고, 도산의 위험도 있다.

2. 기업의 운명을 좌우하는 것은 자금조달

　최종적으로 기업의 운명을 좌우하는 것은, 손실이 아닌 자금조달이다. 적자라도 자금이 고갈되지 않으면 도산하지 않는다. 그러나 흑자라도 자금을 조달하지 못하면 도산하고 만다.

　다시말해 이익이 생겨도 돈이 늘지 않는 경우, 혹은 돈의 뒷받침이 없는 이익이 계산될 경우, 도산이라는 최악의 사태를 초래할 가능성이 있다는 것이다.

　기업의 손익계산서를 볼 때에는 뒤에서 서술할 현금흐름표도 반드시 체크해서 돈에 뒷받침되는 이익이 나오는지를 반드시 확인하도록 하자.

이익과 현금의 증가는 일치하지 않는다

3. ‘자금조달표’를 작성해 보자

그럼 조금 더 기업에 가까운 예로 자금조달에 대해 살펴보자. 지금까지의 대차대조표와 손익계산서의 복습도 겸해서 자금조달표, 대차대조표, 손익계산서를 작성해 보자.

H사는 기계판매회사로, 국내외에서 사들인 상품을 판매하고 있다. 제조는 하지 않는다. H사의 제11기의 사업활동(그림28)을 읽고, 제10기의 손익계산서, 대차대조표(그림29)를 기반으로, 제11기의 자금조달표, 손익계산서, 대차대조표를 작성해보자.

자금조달표를 간단하게 설명하면 초기에 보유했던 현금에, 영업상의 현금수입을 합하여, 현금지출을 공제하고, 또 재무적인 자금유입(새로운 차입, 증자 등)을 더하고 , 자금유출(갚을 차입금 등)을 빼서, 기말 현금 잔액을 산출하는 것이다. 여기에서의 자금조달표는 1개월 단위의 ‘월차’의 자금조달표이기 때문에 월초의 현금 잔액이 월말에 얼마가 되었는지를 월마다 계산해 나간다(이번 달의 ‘익월이월잔액’ = 다음 달의 ‘전월이월잔액’이다).

지금까지 설명한 ‘매출과 매출대금의 회수(그림11)’ ‘매출원가와 재고자산(그림15)’ ‘매입과 매입대금의 지급(그림16)’ 등을 적시에 되돌아보면서, 문제를 풀어 보자. 반복이 되겠지만, '매출액과 매출대금회수액'(여기에서는 외상매출금 회수액)은, 각각 다른 것이다. 특히 매출원가 산출의 방법을 다시 한 번 확인해 보자.

그럼 자금조달표, 손익계산서, 대차대조표를 작성해 보자(그림30, 31).

순서로서는 우선, 자금조달표를 작성하고, 제11기 말의 현금잔액을 계산하기 위해, 이를 제11기의 대차대조표에 기록한다. 이어 제11기의 손익계산서를 작성하여, 법인세 등, 당기순이익(= 잉여금)을 계산한 후, 대차대조표를 마지막에 완성하는 것이 좋다. 대차대조표의 좌우는 반드시 같은 금액이 되므로(= 균형을 맞춘다) 그렇지 않으면 어딘가 틀린 곳이 있다는 것이다.

그림28 H사 제11기의 사업활동

다음의 조건과 그림29의 대차대조표, 손익계산서를 기초로, H사의 제11기의 자금조달표, 대차대조표, 손익계산서를 그림30, 31에 작성하여 완성해 보자.

H사는 기계판매상사이며, 국내외로부터 상품을 사들여 이를 판매하고 있다. 제조는 하지 않는다.

1. 제11기의 매출은 제10기와 비교해 월 1억원 증가, 총액으로는 13,200백만원이 되었다.
   매월 11억원씩 균등하게 매출이 있었다.
2. 매출은 모두 외상판매다.
3. 매출대금은 매월 말에 결산하여, 4개월 후에 회수된다. 4월의 매출은 8월에 회수된다.
4. 매입은 모두 외상으로 행하고 있다.

5. 매입대금의 지급은 매월 말에 결산하여, 3개월 후에 행한다.

6. 제11기는 매출가를 예상하고 매월 균등하게 1,000백만원의 매입이 12개월간 행해졌다.

7. 제10기말의 B/S상의 외상매출금 4,000백만원은 4월부터 매월 1,000백만원씩 4개월간 회수된다.

8. 제10기말의 B/S상의 외상매입금 2,550백만원은 4월부터 매월 850백만원씩 3개월간 지급된다.

9. 제11기말의 재고자산잔액은 1,630백만원이었다.

10. 인건비는 급여와 상여로 나뉘어 현금으로 지급된다. 금액은 판매비와 일반관리비에 계산된다.

11. 급여로서 매월 7천만원, 급여로서 6월과 12월에 각각 급료의 2개월 분이 지급된다. 급료, 상여 금액은 제10기, 제11기 모두 동일.

12. 기타 경비는 매월 3천만원이 현금으로 지급된다. 금액은 제10기, 제11기 모두 동일하다. 전액 판매비와 일반관리비로 계산된다.

13. 법인세 등은 미지급법인세 등에 계산되었던 제10기의 6천만원이 제11기의 5월에 지급된다.

14. 제11기의 법인세 등은 전액 제11기의 대차대조표 미지급법인세 등으로서 계산된다. 실효 세율은 40%이다.

15. 제11기의 9월에 설비를 관리하고, 10월에 5천만원이 지급된다. 전액 유형고정자산으로 계산되어, 설비투자에 해당한다.

16. 제11기의 감가상각비는 150백만원이었던 금액, 판매비와 일반관리비에 계산된다.

17. 제10기말에 차입금은 없고, 제11기에서도 차입은 이루어지지 않았다. 또한 증자 기타 방법에 의한 외부로부터의 자금조달도 없었다.

18. 차입보증금의 금액에는 제11기를 통해 변동은 없었다.

19. 제10기, 제11기 모두 배당, 임원 상여, 지급은 이루어지지 않았다.

대차대조표

(단위 : 백만원)

유동자산	5,650	유동부채	2,610
현금	800	외상매입금	2,550
외상매출금	4,000	미지급법인세등	60
재고자산	850	단기차입금	0
기타	0	기타	0
고정자산	1,700	고정부채	0
유형고정자산	1,500	자본금	0
차입보증금	200	잉여금	0
기타	0	부채 부분	2,610
		자본금	200
		잉여금	4,540
		자본 부분	4,740
자산 부분 합계	7,350	부채·자본 부분 합계	7,350

손익계산서

(단위 : 백만원)

매출	12,000
매출원가	10,200
매출총이익	1,800
판매비와 일반관리비 합계	1,650
인건비	1,120
기타경비	360
감가상각비	170
영업이익(=세금공제전당기순이익)	150
법인세 등	60
당기순이익	90

이익과 현금의 증가는 일치하지 않는다

문제

(단위 : 백만원)

	4월	5월	6월	7월	8월	9월	10월	11월	12월	1월	2월	3월	합계
전월이월	800												
수입													
매출액													
현금매출													
외상매출금회수													
전도금													
기타													
수입합계 a													
지출													
매입액													
현금매입													
외상매입금지급													
전도금													
급료													
상여													
기타 경비													
법인세 등 지급													
설비투자													
차입보험금													
지출합계 b													
공제과부족(a+b)													
재무지출													
승사													
어음할인													
신규 차입금													
차입금 반제													
익월 이월													
(참고)													
매출액													
매입액													

 H사 제11기 자금조달표

(단위 : 백만원)

	4월	5월	6월	7월	8월	9월	10월	11월	12월	1월	2월	3월	합계
전월이월	800	850	840	750	650	650	650	600	600	460	460	460	－
수입													
매출액	1,000	1,000	1,000	1,000	1,100	1,100	1,100	1,100	1,100	1,100	1,100	1,100	12,800
현금매출													
외상매출금회수	1,000	1,000	1,000	1,000	1,100	1,100	1,100	1,100	1,100	1,100	1,100	1,100	12,800
전도금													
기타													
수입합계 a	1,000	1,000	1,000	1,000	1,100	1,100	1,100	1,100	1,100	1,100	1,100	1,100	12,800
지출													
매입액	850	850	850	1,000	1,000	1,000	1,000	1,000	1,000	1,000	1,000	1,000	11,550
현금매입													
외상매입금지급	850	850	850	1,000	1,000	1,000	1,000	1,000	1,000	1,000	1,000	1,000	11,550
전도금													
급료	70	70	70	70	70	70	70	70	70	70	70	70	840
상여			140						140				280
기타 경비	30	30	30	30	30	30	30	30	30	30	30	30	360
법인세 등 지급													60
설비투자							50						50
차입보험금													0
지출합계 b	950	1,010	1,090	1,100	1,100	1,100	1,150	1,100	1,240	1,100	1,100	1,100	13,140
공제과부족(a+b)	50	−10	−90	−100	0	0	−50	0	−140	0	0	0	−340
재무지출													
증자													
어음할인													
신규 차입금													
차입금 반제													
익월 이월	850	840	750	650	650	650	600	600	460	460	460	460	－
(참고)													
매출액	1,100	1,100	1,100	1,100	1,100	1,100	1,100	1,100	1,100	1,100	1,100	1,100	13,200
매입액	1,000	1,000	1,000	1,000	1,000	1,000	1,000	1,000	1,000	1,000	1,000	1,000	12,000

이익과 현금의 증가는 일치하지 않는다

 기계판매회사 H사 제11기 대차대조표, 손익계산서(작성용)

대차대조표

(단위 : 백만원)

유동자산		유동부채	
현금		외상매입금	
외상매출금		미지급법인세등	
재고자산		단기차입금	
기타		기타	
고정자산		고정부채	
유형고정자산		자본금	
차입보증금		잉여금	
기타		부채 부분	
		자본금	
		잉여금	
		자본 부분	
자산 부분		부채·자본 부분 합계	

손익계산서

(단위 : 백만원)

매출	
매출원가	
매출총이익	
판매비와 일반관리비 합계	
인건비	
기타경비	
감가상각비	
영업이익(=세금공제전당기순이익)	
법인세 등	
당기순이익	

대차대조표

(단위 : 백만원)

유동자산	6,490		유동부채		3,140
현금	460		외상매입금		3,000
외상매출금	4,400		미지급법인세등		140
재고자산	1,630		단기차입금		0
기타	0		기타		0
고정자산	1,600		고정부채		0
유형고정자산	1,400		자본금		0
차입보증금	200		잉여금		0
기타	0		부채 부분		3,140
			자본금		200
			잉여금		4,750
			자본 부분		4,950
자산 부분	8,090		부채ㆍ자본 부분 합계		8,090

손익계산서

(단위 : 백만원)

매출	13,200
매출원가	11,220
매출총이익	1,980
판매비와 일반관리비 합계	1,630
인건비	1,120
기타경비	360
감가상각비	150
영업이익(=세금공제전당기순이익)	350
법인세 등	140
당기순이익	210

■ 11기의 매출액 중, 11기중에 회수가 가능한 것은, 11월의 매출까지. 12월~3월의 4개월간의 매출의 대금회수는 다음달(12월)이며, 11기말의 대차대조표에는 외상매출금으로서 계산된다.

■ 또한, 10기의 12월~3월의 4개월간의 매출의 대금회수는 11월에 행해진다. 이들은 10기말의 대차대조표에 외상매출금으로서 계산되는 것이다.

■ 동일하게, 11기의 매입액 중, 11기중에 지급하는 것은, 12월의 매입까지. 1월~3월의 3개월간의 매입대금지급은 다음달이며, 11기말의 대차대조표에 외상매입금으로서 계산된다.

■ 매출원가는 기말의 재고자산의 잔액에 의해 확정된다. 10기의 기말재고자산에 11기의 매입을 더하여, 11기의 기말 재고자산을 뺀 것이, 매출원가이다.

■ 11기의 유형고정자산잔액은 10기말의 유형고정자산잔액에서 11기의 감가상각비를 빼고, 11기의 설비투자액을 더한 것이다.

■ 11기의 손익계산서상의 법인세 등의 금액은 법인세비용차감전순이익에 40%의 세율을 곱하여 계산된다. 이 세금의 지급은 12기인 5월에 행해지기 때문에, 11기말의 대차대조표에는 미지급법인세등으로서 계산된다.

H사 제11기 자금조달표, 대차대조표, 손익계산서

자세한 것은
그림37 참조

자세한 것은
그림38 참조

재고에 의해 기말의 재고자산
잔액이 확정되고, 이것에 의해,
매출원가가 계산되는 것에 주의

H사 제11기 자금조달표, 대차대조표, 손익계산서

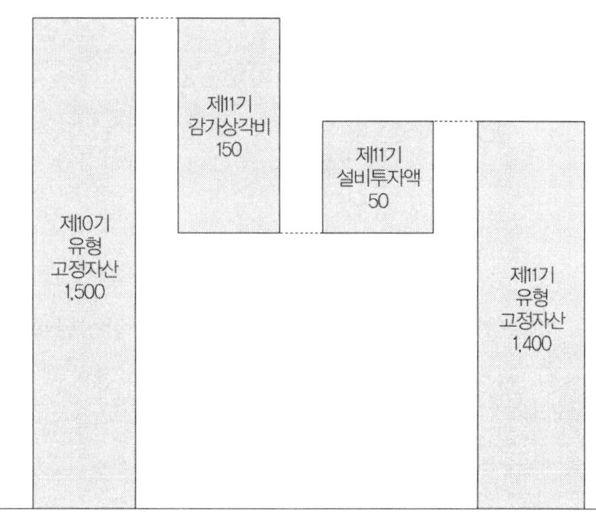

자세한 것은 그림39 참조   자세한 것은 그림41 참조

이익과 현금의 증가는 일치하지 않는다

제6장
현금흐름표의 작성과정을 이해하자

1. 현금 움직임의 실제 모습을 나타내는 현금흐름표

'Cash Flow'라는 단어가 비즈니스 세계에서 일반적으로 사용하게 된 것은 1990년대 후반부터이다. 상장법인 등은 결산 보고서에 '현금흐름표'를 제출하는 것이 의무화되었다.

그림32 현금흐름표의 기본형태

현금흐름표

	세금공제전당기순이익
+	감가상각비
−	외상매출금의 증가액
−	재고자산의 증가액
+	외상매입금의 증가액
+	미지급법인세의 증가액
−	법인세 등
=	영업활동 현금흐름
−	투자활동 현금흐름
+	재무활동 현금흐름
=	당기 현금흐름
−	전기말 현금 잔액
=	당기말 현금 잔액

※ + · −는 증감을 나타낸다.

현금흐름표의 기본구조는 그림32와 같이 되어 있다. 이것은 1년간 '현금및현금등가물'이 얼마나 증가했는지, 또는 감소했는지를 계산하여, 그 내역을 나타내고 있다. 1년간의 현금의 증가액은 2기분의 대차대조표의 현금 잔고를 비교하면 간단히 계산할 수 있다.

그러한 의미에서 '손익계산서'는, 1년간 '자본'이 얼마나 증가했는가의 내역을 나타내기 때문에, 그 증가액은 2기분의 대차대조표의 자본 잔고를 비교하면 간단히 계산할 수 있다.

5장의 사례①, ②, ③에서 알 수 있듯이, 이익금액과 현금의 증가액은 일치하지 않는다. 현금흐름표란 대차대조표와 손익계산서 2가지의 재무제표를 기초로, '세금공제전당기순이익'을 출발점으로하여, 여러 수정을 추가하면서 현금의 증가, 감소를 계산하는 것이다.

현금흐름표는 3개의 부분으로 나뉘어 있다. '영업활동 현금흐름' '투자활동 현금흐름' '재무활동 현금흐름'의 3가지 이다.

여기에서 말하는 현금흐름이란, 정확히는 '현금및현금등가물'이라 할 수 있다. '현금등가물'에 무엇을 포함하는가는 경영자의 판단에 달려있다. 만기일이 3개월 이내인 정기예금, 양도성예금 등의 환금이 용이하고, 가격변동 위험이 낮은 것을 포함하는 것이 일반적이다.

3가지 현금흐름 중 '영업활동 현금흐름'은, '매입 → (제조) → 판매 → 회수'의 과정에서 어느 정도 현금이 증감했는지를 나타낸다. 이자의 수취와 지급, 배당금의 수취도 '영업활동 현금흐름'에 포함할 수 있는 경우가 일반적이다.

'투자활동 현금흐름'은 유형·무형의 고정자산(토지·건물, 기계기구, 소프트웨어 등)의 구입이나 매각, 유가증권의 매입 또는 매각, 보증금의 공제·상환 등에 의한 현금의 증감을 나타낸다. 매입을 하면 현금이 나가기 때문에 현금흐름이 마이너스가 되고, 매각하면 현금이 들어오므로 플러스가 된다.

'재무활동 현금흐름'은 대차대조표의 우측의 차입금이나 자본이 어느 정도 증감했는지를 나타낸다. 차입이나 증자를 해 기업에 현금이 들어오면 플러스, 차입금을 갚으면 마이너스 현금흐름이 된다.

'재무활동 현금흐름'은 '영업활동 현금흐름'과 '투자활동 현금흐름'의 합계액이 마이너스가 될 경우에는, 필요한 자금을 새로이 조달하거나, 합계액이 플러스인 경우에는 차입금을 갚는데 사용된다.

현금흐름표를 보는 첫 번째 체크포인트는 '영업활동 현금흐름은 플러스인가'하는 것이다. 이것이 몇 년에 걸쳐 마이너스라면, 회사는 현금이 없어지고, 차입이 증가되어 마이너스 부분을 채워 넣을 수밖에 없고, 자금조달은 점차 힘들어 지게 된다.

이익에 있어 현금의 뒷받침이 있는가를 보는 것이 중요하다고 서술했다. 흑자 결산에서 영업활동 현금흐름이 마이너스인 회사는 이익은 나오고 있지만, 현금은 늘지 않고 있다는 것이다. 이러한 경우 필요운 전자본 부분에서의 '돈 → 물건 → 돈'의 사이클이 돌아, 현금 회수가 확실히 일어나고 있는지, 즉, 이익과 현금증가의 차이는 언젠가는 해소될 것인지 체크할 필요가 있다. 경우에 따라서는 매출채권의 회수가능성과 재고자산의 판매가능성을 세밀히 조사할 필요가 있을 것이다.

두 번째 체크포인트는 '투자활동 현금흐름은 영업활동 현금흐름의 범위 내에서 해결되고 있는가' 라는 것이다. 신규설비투자를 하고, 거기에서 생산되는 제품을 그 후 몇 년에 걸쳐 판매할 경우와 같이, 투자의 효과는 장래 몇 년간에 걸쳐 향유하는 것이 보통이기 때문에, 기업의 성장을 위해서는 단기간의 영업현금흐름을 상회하는 투자가 필요한 경우도 있다. 단, 그 경우에도 투자가 그 기업에 기대되는 수익(자본 비용)을 상회하는 효과를 낳는 것인지를 체크하는 것이 필요하다.

3. 잉여현금흐름으로 자금의 회전을 본다

영업활동·투자활동 현금흐름의 관계를 보는데, '영업활동 현금흐름 – 투자활동 현금흐름'을 '잉여현금흐름 또는 Free Cash Flow'라 부른다.

기업은 고정자산을 포함해 '돈 → 물건 → 돈'으로 회전하면서, 돈을 늘려나간다. 그렇기 때문에 이 잉여현금흐름 또는 단기간(1년)은 제쳐두고, 적어도 중·장기의 합계가 플러스가 되지 않으면, 돈은 늘고 있지 않으며 기업은 재무적으로 기대되는 역할을 하고 있지 않은 것이 된다. 즉, 투자에 알맞은 만큼의 자금이 회수되지 않고 있으며, 회수 불가능한 부분을 보유한 현금 또는 차입금으로 조달하고 있는 상태이다.

5년, 10년과 같은 기간의 잉여현금흐름을 합계했을 때, 마이너스라면, 투자의 효과는 크게 의심스러운 것이기 때문에 지금까지의 투자결정의 사유를 검토하여 재평가할 필요가 있다. 또한 이러한 경우에는 회사 전체에서의 '돈 → 물건 → 돈'의 회전이 잘 안되고 있는 것이기 때문에, 향후 자본조달에 문제를 일으킬 경우도 생각할 수 있다. 특히 앞으로 차입금을 잘 갚아 나갈 수 있는지 충분히 확인해 볼 필요가 있다.

또한, 뒤에서 서술할 '기업가치평가'에서도 잉여현금흐름이라는 단어가 나온다. 잉여현금흐름이라는 이름은 동일하지만, 계산 방법이 다르므로 주의하도록 하자.

4. 자금조달표와 현금흐름표의 목적은 동일하다

앞으로, 왜 현금흐름표는 앞에서 서술한 것과 같은 구조를 하고 있는지, 바꾸어 말하면 왜 이와 같이 계산하면 세금공제전당기순이익에서 현금의 증감을 계산할 수 있는지, 그 근거를 생각해 보자. 현금의 증감을 나타내는 '자금조달표'를 기초로 생각해 보자. 제5장의 H사의 자금조달표, 손익계산서, 대차대조표를 기억하자.

현금흐름표는 대차대조표와 손익계산서를 기초로, 현금의 움직임을 나타내는 것이라고 설명하였다. 현금흐름표와 자금조달표의 결과는 같아진다. 자금조달표의 각각의 항목을 대차대조표와 손익계산서의 항목으로 바꾸어 놓을 수 있으면, 대차대조표와 손익계산서를 기초로 한 현금흐름표가 작성되게 된다. 여기까지가 이 장의 목적이다(그림33).

자금조달표는 현금흐름표 보다도 오래 전부터 일반적으로 사용되었다. 그 목적은 기초(예를 들면 4월 1일)에 현금잔액이 얼마 있고, 그것이 기말(예를 들면 3월 31일)에 얼마가 되었는지(또는 얼마가 될지), 그 변동 내역은 어떻게 되어 있는가를 나타내게 되어, 현금흐름표와 목적은 동일하다(H사의 자금조달표는 실적을 기초로 한 것이다. 예상을 기초로 한 자금조달표도 자금계획을 짤 때 자주 사용된다).

자금조달표에 나오는 항목은 모두 현금의 움직임만을 나타내는 것이라는 점이 현금흐름표와 다르다. 예로서 매출에 대해서는 실제로 (외상매출금이) 현금 회수된 금액이 기재되고, 매입대금에 대해서도 현금으로 (외상매입금이) 지급된 금액이 기재됩니다. 또한 경비에 대해서도 현금으로 지급된 것만이 기재됩니다. 따라서 감가상각비는 현금흐름표에만 나오고 자금조달표에는 나오지 않는다.

그림33 **자금조달표와 현금흐름표의 관계**

자금조달표		현금흐름표	
	매출대금 회수액		세금공제전당기순이익
−	매입대금 지급액	+	감가상각비
−	인건비	−	외상매출금의 증가액
−	기타경비	−	재고자산의 증가액
−	법인세 등 지급액	+	외상매입금의 증가액
−	설비투자	+	미지급법인세의 증가액
+	재정수지	−	법인세 등
=	현금 합계액	=	영업활동 현금흐름
+	전기말 현금 잔액	−	투자활동 현금흐름
=	당기말 현금 잔액	+	재무활동 현금흐름
		=	당기 현금흐름
		−	전기말 현금 잔액
		=	당기말 현금 잔액

(자금조달표와 현금흐름표 사이: **동일**)

■ 현금이 움직이는 항목만
■ B/S, P/L 과목과 다름

■ B/S, P/L 과목을 사용해 현금이 움직임을 나타내고 있다.

현금흐름표의 작성과정을 이해하자

5. 감가상각비는 왜 있는가

여기에서 조금 이야기를 돌려, '감가상각비'에 대해 생각해 보자. 감가상각비란 몇 년이상 오랜기간 사용할 수 있는 설비를 구입했을 때, 그 구입대금을 구입한 사업년도만의 비용으로서 손익계산서에 계산하는 것이 아니라, 그 설비를 사용할 수 있는 년 수로 나누어 계산하려는 비용이다.

예를 들면 3년간 사용할 수 있는 150만원의 기계를 올해 샀다면, 150만원 전액을 올해의 비용으로 하지 않고, 올해부터 3년간 50만원씩 비용으로 하는 것이다. 여기에서 주의해야 할 점은 비용으로서 계산되는 것은 매년 50만원씩이다. 그러나 대금의 지급은 150만원 일괄해 올해 행했다는 것이다. 즉, 현금의 지급과 손익계산서로의 비용의 계산이 틀리기 때문에 감가상각비 자체는 현금의 지급을 동반하지 않는 비용이다.

따라서 현금이 실제로 움직인 항목만을 대상으로 하는 자금조달표에는, '설비투자'(예: 150만원)라는 항목은 있지만, 감가상각비라는 항목은 없다.

매년 100만원의 매출을 올리는 사업이 있다고 하자. 이 사업은 150만원으로 구입한 3년간 사용할 수 있는 기계를 사용하고 있다. 이야기를 간단히 하기 위해, 이 사업에 드는 비용은 이 기계에 관한 것밖에없는 것으로 정한다.

감가상각을 생각하지 않고, 기계의 가격 150만원을 제1기의 비용으로 생각하면, 제1기는 매출 100만원, 비용 150만원으로 50만원의 손실, 제2기, 제3기는 매출 100만원, 비용 0으로 이익 100만원이 된다.

그러나 1년마다 사업기간의 손익계산을 할 때 같은 기계를 사용해서 이렇게 차이가 난다면 문제가 된다. 그래서 등장하는 것이 감가상각비이다. '3년간 사용할 수 있는 기계이기 때문에, 1년째에만 비용을 부담시키지 말고, 3년간 부담하면 되지 않겠는가' 하는 생각이 기본이다. 3년간에 걸쳐, 매년 50만원씩의 감가상각비를 계산하면, 제3기 모두 매출 100만원, 비용 50만원, 이익 50만원이 된다(그림34).

이 경우에서 현금흐름을 계산하면 다음과 같다.

당기순이익이 50만원(세금은 0)이고 감가상각비가 50만원이기 때문에 영업활동 현금흐름은 100만원이 된다. 또한 기계의 대금을 지급한 것은 제1기이기 때문에, 제1기에 투자활동 현금흐름은 150만원이 있고, 제1기의 당기 현금흐름은 마이너스 50만원, 제2기, 제3기는 플러스 100만원이 된다.

이것은 감가상각을 하지 않을 때의 매기 손익과 동일하다. 결국, 감가상각에 의해서, 매 사업기의 이익은 잘 나타나지만, 현금의 계산과 이익에 차이가 발생하였기 때문에, 설비투자대금의 지급은 투자활동 현금흐름으로서 공제하는 순서를 거쳐, 감가상각을 하지 않은 때로 되돌아온다. 비로소 현금의 움직임을 이해할 수 있게 된다.

또한 감가상각에 대해서는 그림35, 36를 참고하자.

 감가상각을 왜 하는가?

감가상각을 하지 않은 경우.
사업기간의 손익이 크게 차이 난다.

	제1기	제2기	제3기
매출액	100	100	100
기계구입비	150	0	0
이익	−50	100	100

감가상각을 한 경우.
사업기간의 손익이 크게 차이가 나지
않는다.

	제1기	제2기	제3기
매출액	100	100	100
감가상각비	50	50	50
이익	50	50	50

현금흐름의 계산

현금의 움직임을 파악하는데는 조정이 필요하다		제1기	제2기	제3기
	이익	50	50	50
	+ 감가상각비	50	50	50
	= 영업활동 현금흐름	100	100	100
	− 투자활동 현금흐름	150	0	0
	= 당기 현금흐름	−50	100	100

 감가상각비의 계산

장기간 사용하는 자산을 구입한 경우, 자산을 사용할 수 있는 기간, 각 기에 그 비용을
배정하여 부담시키려고 하는 것이 기본적인 생각

(단위:백만원)

	1년간	2년간	3년간	4년간	5년간
기계의 감가상각비	20	20	20	20	20
감가상각비의 누계액(기말)	20	40	60	80	100
기계의 장부가격(기말)	80	60	40	20	0

- 자산을 사용할 수 있는 기간(년수)을 '내용연수(耐用年數)'라 한다. 법인세법에서 정해진 내용연수에 따라
  감가상각을 한다.
- 토지는 감가상각하지 않는다.

 감가상각방법

기업은 원칙적으로 감가상각 방법을 자유롭게 선택한다. 단, 건물에 대해서는 정액법을
채택한다. 또한 일단 채택한 감가상각 방법은 함부로 변경할 수 없다.

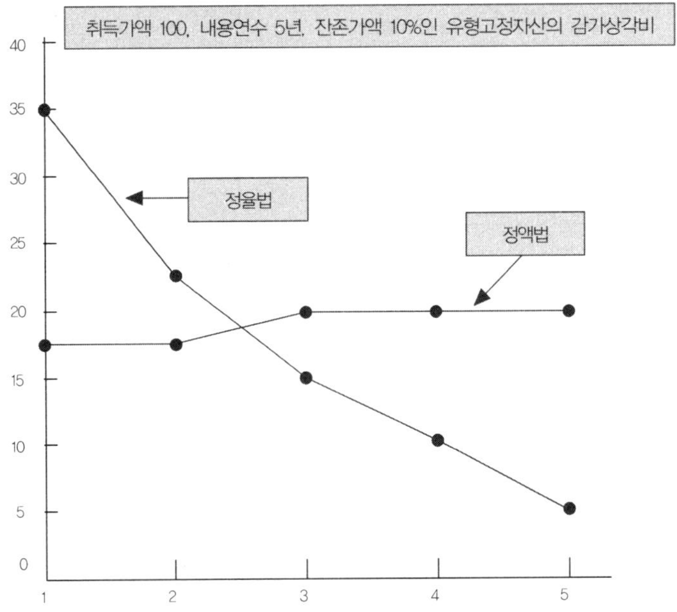

□ 위의 그래프에서 알 수 있듯이, 당초에는 정율법이 정액법보다도 감가상각비가 크다
□ 즉 정액법을 채택한 쪽이 정율법을 채택할 경우와 비교해 이익을 크게 계산할 수 있다(비용이 적기 때
문에)
　→ 선택하는 감가상각방법에 의해 이익이 바뀌는 것에 주의

현금흐름표의 작성과정을 이해하자

6. 매출대금 회수액은 이렇게 계산한다

매출대금의 회수, 즉 매출 중 얼마가 현금이 되었는가 하는 점에서도 조정이 필요하다. 이것은 외상으로 매출을 하기 때문이다.

판매 조건이 앞에서의 H사와 같이, '판매한 달의 월말에 합계를 내어, 4개월 후에 대금을 받는다'는 조건이라고 한다면, 올해 매출 중, 올해의 안에 현금으로 받을 수 있는 것은 어느 정도 있는 것일까?

매년 3월에 결산하는 회사의 경우, 올해 3월말까지 현금으로 회수할 수 있는 것은 전년 11월의 매출까지이다. 올해 12월의 매출은 다음해 4월에 회수하게 되고, 당기 중에는 회수할 수 없다. 그럼 당기 중에 현금 회수하는 것은 당기에 매출한 것뿐일까?

그렇지 않다. 전기 12월부터 3월까지의 매출대금이 당기 4월부터 7월까지 현금으로서 들어온다.

그럼, 당기 중에 대금을 회수할 수 없는 당기의 매출, 당기 회수되는 전기의 매출채권은 어디를 보면 알 수 있을까? 당기 중에 회수할 수 없는 당기의 매출대금은 당기 말의 대차대조표에 계산되어 있는 외상매출금이다. 한편, 당기 회수되는 전기의 매출대금은 전기 말의 대차대조표에 계산되어 있는 외상매출금이다. 따라서 당기 회수되는 매출대금은 당기의 매출액에 전기말의 외상매출금을 합하여 거기에서 당기 말의 외상매출금을 뺀 금액이다(그림37).

그림37 매출대금 회수액

매출액과 매출대금회수액의 관계
(매출대금 회수액을 B/S, P/L에 나오는 과목으로 계산한다)

전기말 외상 매출금	매출 대금 회수액
매출액	당기말 외상 매출금

매출대금 회수액 = 전기말 외상매출금 + 매출액 − 당기말 외상매출금
= 매출액 + (전기말 외상매출금 − 당기말 외상매출금)
= 매출액 − (당기말 외상매출금 − 전기말 외상매출금)

매출대금 회수액 = 매출액 − 외상매출금의 증가액

이상의 매출액과 매출대금 회수액의 관계를 정리하면, 다음과 같다

매출대금 회수액 = 매출액 + 전기말 외상매출금 잔액 − 당기말 외상매출금 잔액
= 매출액 − (당기말 외상매출금 잔액 − 전기말 외상매출금 잔액)
또는
매출대금 회수액 = 매출액 − 외상매출금의 증가액

이 된다.

7. 매출원가는 재고와 매입에서 결정된다

상품을 매입하는 이유는 판매하기 위해서이다. 매입한 상품은 일단 '재고자산'으로서 이를 재고상태에서 꺼내어 판매하는 것이다. 따라서

재고자산의 출고액 = 매출원가

가 된다.

그림38 매입과 매출원가와 재고자산, 매입대금 지급액

매입액과 매출원가와 재고자산, 매입대금지급액의 관계
(매입대금 지급액을 B/S, P/L에 나오는 항목으로 계산한다)

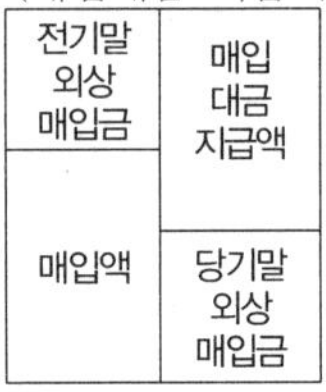

전기말 외상 매입금	매입 대금 지급액
매입액	당기말 외상 매입금

매입대금 지급액 = 전기말 외상매입금 + 매입액 – 당기말 외상매입금
　　　　　　　 = 매입액 + (전기말 외상매입금 – 당기말 외상매입금)
　　　　　　　 = 매입액 – (당기말 외상매입금 – 전기말 외상매입금)

　　　　　　　 = 매입액 – 외상매입금의 증가액　A

그런데 매입액은 B/S, P/L 어디에도 나오지 않는다.

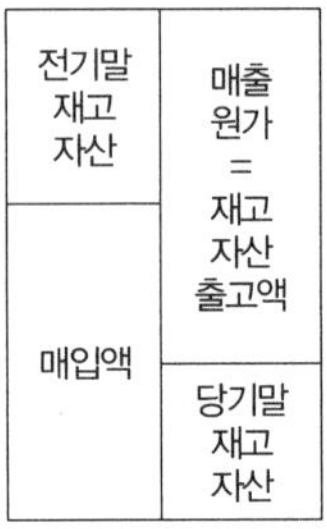

전기말 재고 자산	매출 원가 = 재고 자산 출고액
매입액	당기말 재고 자산

매입액을 B/S, P/L에 나오는 항목을 사용해 계산할 수 없는가?

매출원가 = 전기말 재고자산 + 매입액 – 당기말 재고자산
　이것으로부터,
매입액 = 매출원가 – 전기말 재고자산 + 당기말 재고자산
　　　 = 매출원가 + (당기말 재고자산 – 전기말 재고자산)

　　　 = 매출원가 + 재고자산의 증가액　B

이것으로, B/S, P/L에 나오는 항목을 사용해 매입대금 지급액을 계산할 수 있다.

매입대금지급액과 매출원가의 관계를 생각하면(A에 B를 대입하면),
매입대금지급액 = 매출원가 + 재고자산의 증가액 – 외상매입금의 증가액

매입액과 매출원가(=재고자산 판매상품금액), 재고자산, 매입대금지급액의 관계는 그림38과 같다.

기업의 결산에서는 기말의 재고자산의 잔고를 우선 실지 재고조사 등에 의해 확정시켜, 그 숫자를 기초로 매출원가를 계산한다. 즉,

매출원가 = 전기말 재고자산 + 당기매입액 - 당기말 재고자산

이다.

재고자산의 평가방법에는, '선입선출법', '후입선출법', '매출가격 환원법' 등 몇가지 방법이 있다. 여기에서 조금 재고자산의 평가방법을 살펴보도록 하자.

선입선출법에서는 가장 먼저 취득한 재고품부터 먼저 꺼냈다고 간주한다. 기말의 재고품은 가장 최근에 취득된 것에서 순서대로 구성되는 방법이다. 실제 매장에서도 가장 먼저 사들인 상품부터 팔기 때문에 현실적인 물품의 흐름에 가장 맞는 방법이라고 말할 수 있다.

후입선출법은 선입선출법과는 반대로 가장 최근에 취득한 재고품부터 먼저 꺼낸다고 간주한다. 기말의 재고품은 가장 오래된 것부터 순서대로 구성된다는 방법이다.

매출가격환원법은 주로 다품종을 취급하고 있는 소매업이나 도매업에서 이용되는 방법으로, 이익률이 유사한 상품을 그룹화하여, 그룹마다 기말재고자산(기말재고)의 판매가의 합계에 '원가율'을 곱해, 원가의 합계액을 구해, 그 금액을 기말의 재고가격으로 하는 방법이다.

8. 매입대금 지급액을 계산하는 방법

매입을 현금으로 하면, '매입액 = 매입대금 지급액'이 되겠지만, 매입을 외상으로 하는 경우는 사정이 달라진다.

앞의 H사의 자금조달표를 보면, 매입한 달에서 3개월 후의 월말에 지급하는 것을 조건으로 구매했기 때문에, 매입한 것의 대금 중, 당기 중에 지급해야만 하는 것은 12월에 매입한 것까지이다. 1월~3월에 매입한 부분의 지급은 다음달 4월~6월이 되며, 3월말 시점에서는 이 3개월간의 매입분은 대차대조표의 외상매입금에 계산된다.

한편, 전기의 1월부터 3월에 매입된 것의 대금은 전기말에는 아직 매입기일이 도래하지 않았기 때문에, 외상매입금에 계산되고, 당기 4월부터 6월까지 사이에 지급된다.

따라서, 당기매입대금 지급액은 당기이 매입액에 전기말이 외상매입금잔액을 더하여, 거기에서 당기말의 외상매입금잔액을 뺀 금액이 된다.

9. 재무제표에서 매입대금 지급액을 계산하는 방법

여기에서 매입액에 대해, 당기에 얼마 매입했는지는 실제로 사업을 하는데는 극히 중요한 것이다. 기업의 내부에 있으면 그 금액은 알 수 있지만, 손익계산서나 대차대조표와 같은 재무제표에는 등장하지 않기 때문에, 기업 외부사람은 직접적으로 알 수 없다. 그럼 외부사람은 어떻게 하면 매입액을 알 수 있을까?

앞에서 서술한 매입액과 매출원가와 재고자산의 관계를 기억하기 바란다. 매입액이란, 당기중의 재고자산 출고액(＝매출원가)에 당기말의 재고자산 잔액을 더하여, 거기에서 전기말의 재고자산 잔액을 뺀 금액이다. 즉,

매입액 ＝ 매출원가 ＋ 당기말 재고자산 － 전기말 재고자산　　　　　(그림38 계산식B)

이다. 손익계산서와 대차대조표가 있으면 이 식을 사용해 매입액은 계산할 수 있습니다.

한편,

매입대금지급액 ＝ 매입액 ＋ 전기말 외상매입금 － 당기말 외상매입금　　(그림38 계산식A)

이다. 매입액은 계산식 B에서 계산할 수 있기 때문에, 〈계산식 A〉의

'매입액'에 〈계산식 B〉를 대입하면,

> 매입대금 지급액 ＝ 매출원가 ＋ 당기말 재고자산 － 전기말 재고자산
> ＋ 전기말 외상매입금 － 당기말 외상매입금

이 되어 정리하면,

> 매입대금지급액 ＝ 매출원가 ＋ (당기말 재고자산 － 전기말 재고자산)
> － (당기말 외상매입금 － 전기말 외상매입금)

이 된다. 즉,

> 매입대급지급액 ＝ 매출원가 ＋ 재고자산증가액 － 외상매입금증가액

이다. 여기에서 매입액을 몰라도, 대차대조표와 손익계산서로부터 매입대금의 지급액을 구하는 방법을 알 수 있다.

이 식으로부터 재고자산이 증가한다는 것은, 매입대금의 지급액이 증가하는 것이라는 것을 알 수 있다. 앞에서와 같이, '재고란, 돈은 지급했지만 아직 돈을 회수하지 못한 물건'이다. 재고가 늘어나면 자금조달이 힘들어진다는 것이, 이 식에서도 알 수 있다.

참고로 재고는 팔린다는 보증이 없다. 경우에 따라서는 영구히 자금을 회수하지 못할 가능성도 있다. 이것이 '재고위험'이다.

10. 재무제표로부터 현금흐름표를 작성한다

그림30의 H사의 자금조달표는 월차자금조달표이다. 자금조달표는 월차에서 사용되는 경우가 많지만, 이것을 1년분으로 만들려고 하면, 그림33의 왼쪽과 같이 된다. 이것은 1년간 현금의 증감을 나타내고 있는 것이기 때문에, 여기에서 나오는 대답은 현금흐름표의 당기 현금흐름과 같다.

앞의 설명에서와 같이

매출대금 회수액 = 매출액 − 외상매출금 증가액
매입대금 지급액 = 매출원가 + 재고자산 증가액 − 외상매입금 증가액

이다.

또한, 자금조달표 안의 인건비 및 기타경비의 지급액 부분은, 판매비와 일반관리비로부터 감가상각비를 뺀 금액이다. 왜, 감가상각비를 빼는가는 앞에서 설명한 것처럼, 현금의 지출을 동반하지 않는 경비이기에, 자금조달표에는 등장하지 않기 때문이다.

인건비 + 기타경비 = 판매비와 일반관리비 − 감가상각비

가 된다.

전기말
미지급
법인세
등

법인세
등
지급액

법인세
등

당기말의
미지급
법인세
등

법인세 등 지급액 = 전기말 미지급법인세 등 + 법인세 등 − 당기말 미지급법인세
= 법인세 등 + (전기말 미지급법인세 등 − 당기말 미지급법인세 등)
= 법인세 등 − (당기말 미지급법인세 등 − 전기말 미지급법인세 등)

법인세 등 지급액 = 법인세 등 − 미지급법인세 등의 증가액

세금은 당기의 이익에 대한 과세부분을 다음 기에 현금으로 지급하기 때문에, 당기가 끝난 기말시점에서는 '미지급법인세 등'이라는 대차대조표의 과목으로서 계산되고 있다. 또한 전기말의 대차대조표에 미지급법인세 등으로서 계산되는 것은 당기 중에 현금으로 납부하고 있다. 즉,

법인세 등 지급액 = 법인세 등 + 전기말 미지급법인세 등 − 당기말 미지급법인세 등
= 법인세 등 − (당기말 미지급법인세 등 − 전기말 미지급법인세 등)
= 법인세 등 − 미지급법인세 등의 증가액

이다(그림39).

이것으로 대차대조표와 손익계산서의 계정과목에서, 자금조달표의 영업활동 현금흐름의 항목을 모두 설명할 수 있게 된다.

이들 자금조달표의 구성요소를 다시 늘어놓아 보면, 그림40의 왼쪽과 같다. 즉,

영업활동 현금흐름 = '매출액 − 매출원가 − 판매비와 일반관리비' + 감가상각비
− 외상매출금의 증가액 − 재고자산의 증가액 + 외상매입금의 증가액
+ 미지급법인세 등의 증가액 − 법인세 등　　　〈계산식 1이라 한다〉

이 된다.

이 경우에서는 지급이자가 없어서, '매출액－매출원가－판매비와 일반관리비'는 세금공제전당기순이익이기 때문에, 앞의 〈계산식 1〉은,

> 영업활동 현금흐름 = 세금공제전당기 순이익 + 감가상각비 － 외상매출금의 증가액
> 　　　　　　　　 － 재고자산의 증가액 + 외상매입금의 증가액
> 　　　　　　　　 + 미지급법인세 등의 증가액 － 법인세 등

이 됩니다. 또한,

> 설비투자 = 투자활동 현금흐름
> 재무수지 = 재무활동 현금흐름

이기 때문에, 자금조달표의 구성요소를 다시 짜서, 대차대조표와 손익계산서의 계정과목만으로, 현금흐름표를 작성할 수 있다(그림40. 지급이자 등이 있는 경우도 동일하게 생각할 수 있다).

그림40 자금조달표와 현금흐름표의 관계

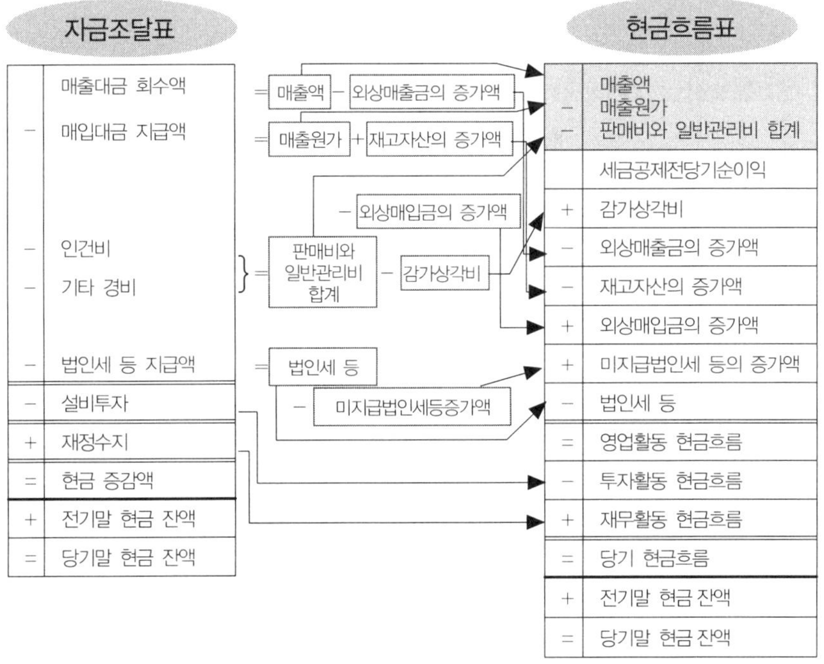

또, 기업의 내부자의 경우 설비투자에 얼마의 금액을 지출했지 알 수 있지만, 외부자의 경우 재무제표를 보고 설비투자금액을 추정하는 수밖에 없다.

그럴 경우, '전기와 당기의 유형고정자산잔액의 차 = 설비투자금액'이라 생각하는 것은 잘못된 것이다. 이는 감가상각이 존재하기 때문이다. 만약 당기중의 설비투자액이 0이라면, 유형고정자산의 잔액은 전기말의 잔액에서 당기의 감가상각비의 부분만큼 감소되었다. 만약 전기말과 당기 말의 유형고정자산의 잔액이 동일하다면, 감가상각비와 같은 금액만 설비투자가 행해졌다는 것이다. 구체적인 계산방법에 대해서는 그림41을 참조하기 바란다.

또한, 유형고정자산 중에 토지에는 감가상각이 없다(유형고정자산 중, 감가상각의 대상이 되는 자산을 '상각자산'이라 한다).

그림41 유형고장자산과 설비투자액

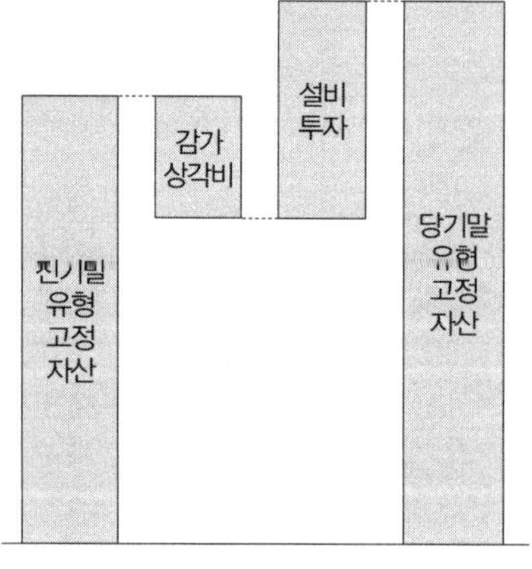

　자금조달표는 처음부터 현금의 움직임만을 따라서, 현금의 증감을 나타낸 것이다. 이에 대해 현금흐름표는 같은 것을 손익계산서와 대차대조표의 항목만을 사용해서 감가상각비를 더하거나 외상매출금이나 재고자산의 증감을 조정하거나 한다. 그럼 H사의 현금흐름표를 작성해 보자(그림42).

 **H사의 제11기 현금흐름표**

문제 유형고정자산과 감가상각비와 설비투자의 관계

(단위: 백만원)

	세금공제전당기순이익	
+	감가상각비	
−	외상매출금의 증가액	
−	재고자산의 증가액	
+	외상매입금의 증가액	
+	미지급법인세 등의 증가액	
−	법인세 등	
=	영업활동 현금흐름	
−	투자활동 현금흐름	
+	재무활동 현금흐름	
=	당기 현금흐름	
−	전기말 현금 잔액	
=	당기말 현금 잔액	

(단위: 백만원)

	세금공제전당기순이익	350
+	감가상각비	150
−	외상매출금의 증가액	400
−	재고자산의 증가액	780
+	외상매입금의 증가액	450
+	미지급법인세 등의 증가액	80
−	법인세 등	140
=	영업활동 현금흐름	−290
−	투자활동 현금흐름	50
+	재무활동 현금흐름	0
=	당기 현금흐름	−340
−	전기말 현금 잔액	800
=	당기말 현금 잔액	460

11. 영업활동 현금흐름을 계산하는 방법

마지막으로 현금흐름표에서 '외상매출금 증가액＋재고자산 증가액－외상매입금 증가액'의 부분에 대해 알아보자. 이 부분은 '필요운전자본 증가액'이라 바꾸어 말할 수 있다.

이것은,

외상매출금 증가액 ＋ 재고자산 증가액 － 외상매입금 증가액

＝ 당기말 외상매출금 － 전기말 외상매출금 ＋ 당기말 재고자산
　－ 전기말 재고자산－ (당기말 외상매입금 － 전기말 외상매입금)

＝ 당기말 외상매출금 ＋ 당기말 재고자산 － 당기말 외상매입금
　－ (전기말 외상매출금 ＋ 전기말 재고자산 － 전기말 외상매출금)

＝ 당기말 필요운전자본 － 전기말 필요운전자본

＝ 필요운전자본 증가액

이 되기 때문이다.

따라서, 영업활동 현금흐름이란 큰 의미에서는 당기순이익(세금공제전당기순이익－법인세 등)에 감가상각비를 더하여, 거기에서 필요운전자본의 증가액을 뺀 것이라고 생각할 수 있다.

앞에서 나온 H사의 제11기 현금흐름표의 해답은 그림44에 있다. 복습하는 의미에서 별도의 현금흐름표의 연습문제를 풀어보자(그림43).

그림43 현금흐름을 계산해 보자

문제 다음의 재무제표를 사용해 산출방법에 따라 현금흐름을 구해 보자.

당기 손익계산서

매출액	120
매출원가	90
(그 중, 감가상각비)	4)
매상총이익	30
판매비와 일반관리비	20
(그 중, 감가상각비)	1)
영업이익	10
지급이자	3
세금공제전당기순이익	7
법인세 등	3
당기순이익	4

당기 대차대조표

유동자산		유동부채	
현금	5	지급어음	10
받을어음	30	외상매입금	10
외상매출금	12	단기차입금	40
재고자산	30	미지급 법인세	3
고정자산		고정부채	
토지 · 건물	30	장기차입금	30
기계기구	20	자본	34
자산　　합계	127	부채 · 자본　합계	127

전기 대차대조표

유동자산		유동부채	
현금	22	지급어음	15
받을어음	20	외상매입금	10
외상매출금	10	단기차입금	30
재고자산	20	미지급 법인세	2
고정자산		고정부채	
토지 · 건물	30	장기차입금	35
기계기구	20	자본	30
자산　　합계	122	부채 · 자본　합계	122

주) 고정자산은 감가상각누계액 공제 후의 금액.
　　대상기간에 고정자산의 매각, 배당금의 지급은 없다.

현금흐름의 산출방법

	세금공제전당기순이익	7	
+	감가상각비	+5	매출원가와 판매비와 일반관리비 각각에 포함되는 것의 합계
−	외상매출금 · 받을어음의 증가액	−12	
−	재고자산(재고)의 증가액	−10	
+	외상매입금 · 지급어음의 증가액	−5	
+	미지급법인세의 증가액	+1	
−	법인세 등	−3	
	(1) 영업활동 현금흐름	−17	
−	유형고정자산으로의 투자액	−5	부가에 변화가 없고, 감가상각비 부분만 고정자산에 투자되고 있다
−	기타 고정자산의 증가	0	
	(2) 투자활동 현금흐름	−5	
+	차입금의 증가액	+5	
+	증자액	0	자본의 증가 4는 당기이익에 의한 것이며, 증자는 아님
−	배당금	0	
	(3) 재무활동 현금흐름 (1) + (2) + (3)	+5	
=	당기 현금흐름	−17	전기와 당기의 현금 잔액의 차

- 당기 당사는 이익은 계산하고 있지만, 감가상각비를 더해도, 필요운전자본의 증가분을 마련하지 못하고, 영업활동 현금흐름은 마이너스
- 또한 설비투자도 행하고 있다
- 차입금을 증가시켰지만, 이들 자금유출을 모두 채우지 못하고, 당기 현금흐름은 마이너스
- 이 당기 현금흐름의 마이너스 부분 만큼 현금이 감소
- 즉, 영업활동 현금흐름과 투자활동 현금흐름의 마이너스 부분을 차입금의 증가와 현금의 인출로 마련했다.

12. 이익이 "0"이라도 현금은 늘어난다?

앞에서와 같이,

이라 간단하게 생각할 수 있다.

지금 당기순이익이 0이고, 필요운전자본의 잔액에 변동이 없으며, 설비투자도 없는 경우를 생각해 보자. 실제로 현금흐름이 어떻게 되는지 계산해 보자(그림44).

해답을 보면, 이 경우 영업활동 현금흐름은 감가상각비의 부분, 10이 플러스된다. 투자활동, 재무활동의 현금흐름은 각각 0이다. 당기 현금흐름은 10으로, 그 부분만큼 현금이 증가하고 있다. 한편 감가상각 분만큼 토지·건물, 기계장치가 10 감수되었다.

즉, 토지·건물, 기계장치에 투자된 자금이 감가상각 분만큼 회수된 것이다. 감가상각이 고정자산으로 투자된 자금의 회수라는 의미를 이해하였으면 한다.

문제 다음의 재무제표를 사용해 산출방법에 따라 현금흐름을 구해 보자.

당기 손익계산서

매출액	120
매출원가	84
(감가상각비	7)
매출총이익	36
판매비와 일반관리비	33
(감가상각비	3)
영업이익	3
지급이자	3
세금공제전당기순이익	0
법인세 등	0
당기순이익	0

당기 대차대조표

유동자산		유동부채	
현금	20	지급어음	15
받을어음	20	외상매입금	10
외상매출금	10	단기차입금	30
재고자산	20		
고정자산		고정부채	
토지·건물	10	장기차입금	35
기계장치	40	자본	30
자산　　합계	120	부채·자본　합계	120

전기 대차대조표

유동자산		유동부채	
현금	10	지급어음	15
받을어음	20	외상매입금	10
외상매출금	10	단기차입금	30
재고자산	20		
고정자산		고정부채	
토지·건물	10	장기차입금	35
기계장치	50	자본	30
자산　　합계	120	부채·자본　합계	120

주) 고정자산은 감가상각누계액 공제 후 금액.
　　대상기간에 고정자산의 매각, 배당금의 지급은 없다.

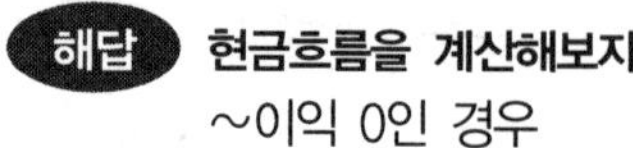

현금흐름을 계산해보자
~이익 0인 경우

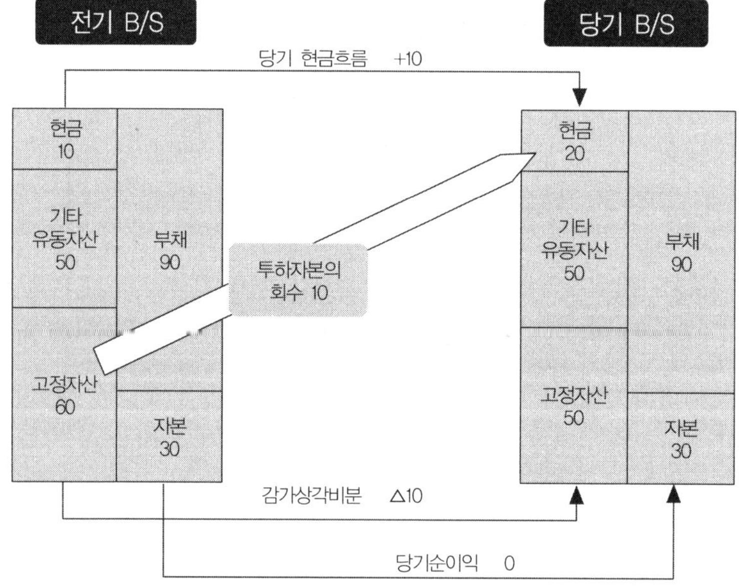

13. 감가상각의 3가지 의미

이와 같이 감가상각을 현금흐름의 관점에서 보면 감가상각비란 투자자금의 회수이다.

또 감가상각비는 앞에서 서술한 바와 같이 손익계산서의 관점에서 보면, 자산의 구입에 필요한 비용을 그 자산이 사용할 수 있는 기간에 걸쳐 안분하여, 부담하려고 하는 것이다.

대차대조표의 시점에서는 어떨까? 토지를 제외한 개개의 유형고정자산의 잔고는 감가상각비 분만큼 매년 감소해 간다. 이것은 자산이 오래됨에 따라 자산의 가치가 줄어든다고 이해할 수 있다.

제7장
은행은 재무가 건전한 기업을 좋아한다

1. 경상이익이 중요한 까닭은?

제3장에서 사업을 뒷받침하는 자본으로서 은행으로부터 차입금과 주주로부터 자금조달이라는 두가지 돈의 출처가 있다고 썼다. 자금을 제공하는 은행과 주주는 각각 어떠한 관점에서 기업을 평가하고 있는지 살펴보자.

은행이 기업을 평가하는 첫 번째 포인트는 '이자를 확실히 받을 수 있는가' 하는 것이다. 기업에서 이자지급은 손익계산서의 영업이익 중에, 영업외비용에 나온다(그림10). 즉 본업에서 벌어들인 수입에, 금융자산으로부터의 수입(영업외이익의 이자수익, 배당금수익)을 더하여, 영업외비용을 공제한 것이 경상이익이다. 이미 설명한 것처럼 요약하면 '경상이익 = 모든 자산으로부터의 수입 – 차입금이자'라고 생각할 수 있다. 경상이익이 많다는 것은 이자를 납부해도 또한 그만큼의 여유가 있다는 것이기 때문에 경상이익이 많은 기업일수록 은행에서는 우량기업으로 본다.

기업의 자금조달에 있어 은행으로부터의 차입 비중이 클때, 은행이 기업의 최대 이해관계자였던 시대에는 경상이익은 기업의 업적을 평가하는데 가장 중요한 지표가 되었다.

2. 자기자본비율로 기업의 건전성을 본다

은행은 회사에 돈을 빌려준다. 은행이 빌려 준 돈은 빌린 기업의 대차대조표의 우측에 기록된다. 기업이 차입을 한 시점에서는 대차대조표의 좌측의 현금 항목이 증가된다. 어떤 목적이 있어 차입을 한 이상, 언젠가 고정자산이나 재고자산(재고)과 같은 다른 자산으로 바뀌게 된다. 재무적 건전성을 보는 것은 '대차대조표의 좌측에 있는 자산을 현금으로 바꾸어, 우측의 부채를 갚을 수 있는가' 하는 것이다. 이 경우 부채에는 차입금만이 아닌, 외상매입금이나 지급어음도 포함하여 생각한다. 보통은 부채 중에서 갚을 돈의 우선 순위가 결정되어 있는 것이 아니기 때문에, 차입금만을 나누어 생각해서는 안되고, 외상매입금이나 다른 부채와 함께 취급할 필요가 있다.

건전성을 판단하는 지표로서 첫 번째로 나오는 것은 '자기자본비율'이다. 이것은 자산(=부채+자본)의 총액에 대해 자본이 어느 정도 있는지를 계산한다.

계산식은

자기자본비율 = 자본 / 자산

이다(그림45).

덧붙여서 '자기자본'이란 지극히 은행에서 취급하는 단어이다. 자본 (주주자본)도 주주라는 외부사람으로부터 조달하고 있는 것으로, 주주자본도 타인으로부터 조달한 자본으로 '자기'자본은 아니다.

자산에 대한 자본의 비율이 높다는 것은 바꾸어 말하면 자산에 대한 부채의 비율이 적다는 것이다. 좌측의 자산을 돈으로 바꿀 경우, 자산에 계산되는 금액대로 환금할 수는 없다. 회수할 수 없는 외상매출금, 팔리지 않는 재고, 값이 하락한 토지나 주식과 같은 것이 있으면, 환금액은 자산의 금액(장부=장부가격. 여기에서는 대차대조표에 계산되는 금액)보다 적어진다. 즉 반드시 시가와 장부가는 일치하지 않는다는 것이다.

회사에서 경영상 긴급 사태가 발생할 경우 서둘러 자산을 팔려고 하면 가격을 인하하여 팔지 않으면 안 되는 경우가 발생한다. 따라서 대차대조표의 우측에 표기되는 투자된 돈에 대하여 투자자나 은행에 있어서는 자산에 대한 부채의 비율이 낮고, 즉 자기자본비율이 높은 기업에 대하여 일단 유사시에 대비한 갚을 능력이 있는 갚을 능력이 있는 대차대조표의 기본자료에 여유 있는 건전한 기업에 돈을 빌려주거나 투자하게 된다는 것이다.

자기자본비율이 낮다는 것은 반대로 갚을 능력이 없는 대차대조표의 기본자료에 여유가 없다는 것으로, 돈을 빌려준 사람으로서는 안심할 수 없게 된다.

자기자본비율 = 자본 / 자산

조달하고 있는 자금 중, 갚지 않아도 되는 돈의 비율은 어느 정도인가 하는 것이다.

이 비율이 높을수록 만약의 경우에 자산을 매각해 부채를 갚을 수 있는 가능성이 높기 때문에, 도산의 위험이 적다고 본다. 또한 지급이자도 적어 진다. 상장기업의 평균을 베이스로 한 기준은 약 35%.

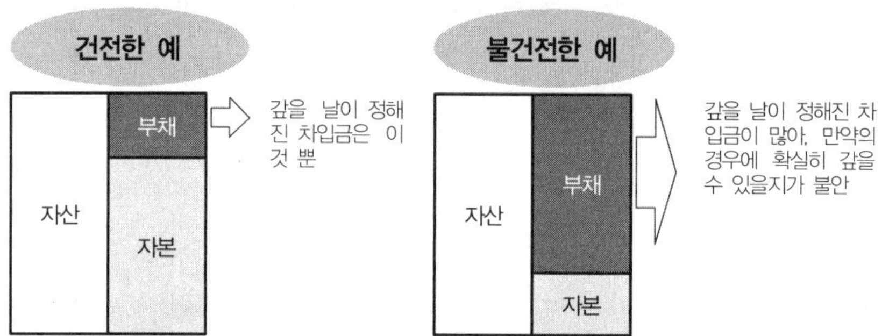

(참고) 부채초과란?

당기순이익은 사외 분배를 공제한 후, 자본의 부분에 잉여금으로서 플러스되는데, 적자를 계산한 경우, 마이너스 이익이 잉여금에 더해져, 그 부분만큼 자본계정이 줄어든다. 이 적자가 증가하여 자본계정을 감소시켜, 자본계정이 마이너스가 된 상태가 채무초과. 이 경우, 좌측 계정을 모두 현금으로 해도 우측의 부채에 대한 갚을 능력은 부족하고, 주주에게 돌아갈 수 있는 돈은 0이 된다. 또한 자본계정 자체는 마이너스가 되지 않지만, 잉여금이 마이너스로, '자본금+자본준비금'이 이익준비금에 잠식되어 버린 상태를 '자본결손'이라 한다.

3. 대차대조표의 좌측과 우측은 돈의 순서

자기자본비율은 모든 자산과 모든 부채를 대상으로 계산하지만, 부채 제공자 중에는 빨리 돈을 갚아주길 바라는 사람도, 5년 후에 갚으면 된다는 사람도 있다. 또한 자산에도 서둘러 돈으로 바뀌는 것이 있는가하면, 돈으로 바뀌는 것을 생각하지 않는 것도 있다.

빨리 돈을 받고 싶은 사람, 예를 들어, 외상매입한 거래처 등이 있다.

여기에서 대차대조표의 계정과목 나열방법을 살펴보자(그림46).

좌측의 자산은 유동, 고정으로 나열되어 있다. 유동 속에는 위에서 현금, 받을어음, 외상매출금, 재고자산과 같이 돈이 되기 쉬운 순서로 나열되어 있다('돈→물건→돈'). 그 아래에 원래 환금을 생각하지 않는 고정자산이 있다.

한편, 우측은 외상매출금, 지급어음, 단기차입금(1년 이내 갚아야 하는 것), 미지급법인세 등과 같은 '유동부채'가 있고, 그 아래에 장기차입금(갚아야 할 기일이 1년 초과인 것), 사채(갚아야 할 기일이 1년 초과인 것), 퇴직급여준비금(장래에 종업원의 퇴직금 지급을 위한 부채)와 같은 '고정부채'가 있다.

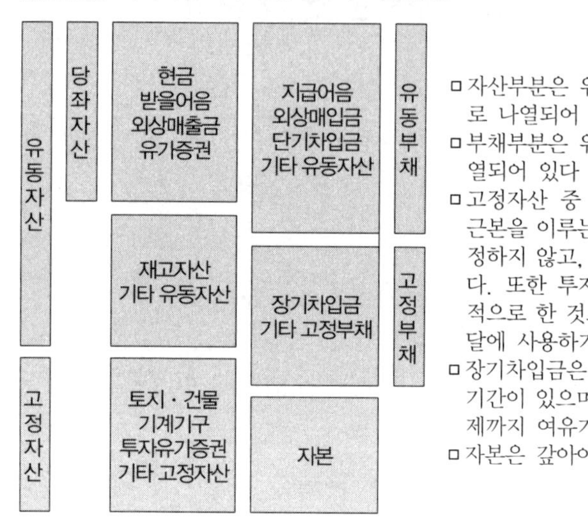

유동부채, 고정부채에는 갚아야 할 날이 가까운가 먼가라는 차이는 있지만, '부채'에는 거래상대로의 매입채무를 포함해, 갚아야 하는 날이 정해져 있어, 상대가 깎아 준다고 말하지 않는 한, 반드시 액면 그대로 갚아야만 하는 공통점이 있다.

그리고 고정부채 아래에, 갚아야 할 의무가 없는 자본이 있다.

이렇게 보면, 좌측의 자산은 위부터 돈이 되기 쉬운 순서로 나열되어 있고, 우측의 부채는 돈을 갚지 않으면 안 되는 순서로 나열되어 있으며, 그 아래에 갚지 않아도 되는 자본이 있다는 것을 알 수 있다.

유동, 고정 별로 조금 자세히 설명하면, 우선 이미 설명한 비즈니스 사이클에 따라 빙글빙글 도는 자산과 부채는 더욱 움직이기 때문에 '유동'에 포함된다. 또한 1년 이내에 현금이 되는 자산(예, 6개월 후에 만기가 오는 정기 예금) 및 1년 이내에 갚아야 하는 부채(예, 3개월 후에 갚아야 하는 차입금)는 '유동'에 포함된다.

4. 단기부채는 단기자산으로 갚자

‘최장 1년 이내에 돈을 갚아달라’고 말하는 유동부채 제공자라면, 고정자산이 풍부한가는 기본적으로 상관없으며, 최장 1년 이내에 환금되는 유동자산이 유동부채에 대해 충분히 있는지가 몇 배나 중요하다.

‘유동비율’이란 바로 이것을 체크하기 위한 지표이다.

유동비율이 100%를 넘으면 넘을수록, 부채 제공자에게 있어서는 안심, 즉 ‘건전’하다는 것이 된다(그림47).

유동부채에는 외상매출금, 지급어음 이외에 ‘미지급금’ ‘미지급비용’ ‘단기차입금’(1년 이내에 갚아야 하는 차입금) 등이 포함된다(그림7).

유동자산을 보다 주의 깊게 살펴보면, 돈으로 바뀔 가능성에 대해, 큰 차이가 있는 자산이 존재한다는 것을 알 수 있으며, 그것이 재고자산이다.

재고자산은 아직 ‘팔리지 않은 것’이기 때문에 이미 ‘팔려’, 대금의 입금을 기다리고 있는 외상매출금이나 받을어음이란 돈이 될 가능성과 돈이 되지 않을 위험이 있다.

따라서 유동자산 중에서 재고자산은 제외하고, 현금, 외상매출금, 받을어음, 유가증권과 같은 '보다 돈에 가까운 것', 혹은 '돈 그 자체'만을 유동부채와 비교하는 지표가 있다. 이것이 '당좌비율'이다(그림47).

> ### 당좌비율 = 당좌자산 / 유동부채

가 된다.

이것도 퍼센트로 나타나는 수치가 클수록, 유동부채의 제공자에 있어서는 건전한 기업이 된다.

그림47 대차대조표의 건전성을 보는법

유동비율 = 유동자산 / 유동부채
　유동자산을 환금하여 1년 이내에 반제기일이 오는 부채를 갚을 수 있는가를 보는 지표. 목표는 약 120%

당좌비율 = 당좌자산 / 유동부채
　유동자산에서 재고자산 등을 제외한, 보다 환금성이 높은 자산을 환금하여, 유동부채를 반제할 수 있는지를 보는 지표. 목표는 약 75%

고정장기적합율 = 고정자산 / (고정부채 + 자본)
　통상환금을 상정하지 않은 고정자산이, 반제까지 여유가 있는 장기차입금이나 반제 의무가 없는 자금에 의해 마련되어 있는가를 보는 시표. 목표는 약 05%

고정비율 = 고정자산 / 자본
　고정자산에 투입된 자금 중, 어느 정도가 반제할 필요가 없는 자본으로 마련되었는가를 보는 지표. 목표는 약 150%

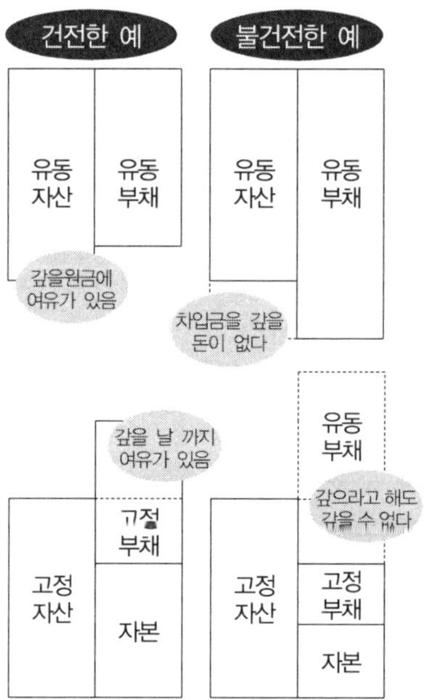

5. 고정자산은 자본으로 자금조달 한다

지금까지 유동비율, 당좌비율과 대차대조표의 상반신에 해당하는 부분을 살펴보았고, 하반신에 해당하는 부분도 보자.

고정자산은 기본적으로 환금을 예정하지 않는 자산이다. 팔아서 환금을 예정하지 않는 자산을 구입하기 위해서는 어떠한 수단으로 자금조달을 하는 것이 안전할까?

자산구입을 위한 안전한 자금조달은 갚을 약속을 하지 않은 자금조달 방법이다. 첫 번째로는 주주로부터 조달하는 자본이 최상이다. 다음으로는 반제기일이 긴 고정부채이다.

안정성을 분석하는 식으로

고정비율 = 고정자산 / 자본
고정장기적합율 = 고정자산 / (고정부채 + 자본)

으로 계산한다. 고정비율, 고정장기적합율 모두 퍼센트로 나타나는 숫자가 적을수록, 건전성이 높다고 할 수 있다(그림47).

6. 대차대조표의 건전한 형태

유동비율(=유동자산/유동부채)은 100% 초과되는 것이 바람직하다. 이것이 성립하기 위해서는 고정장기적합율{=고정자산/(고정부채+자본)}도 100%를 밑돌고, 자산이 갚지 않아도 되는 자금으로 조달되며, 갚을 기일이 여유가 있는 자금조달이 건전한 상태이다.

이 때의 대차대조표의 형태는 상반신은 좌측이 크고 우측이 작으며, 하반신은 좌측이 작고 우측이 큰 형태가 된다. 이것이 건전한 대차대조표의 형태이다(그림48).

그림48 건전한 대차대조표의 형태

건전한 대차대조표는 상반신은 좌측이 크고, 하반신은 우측이 크다.

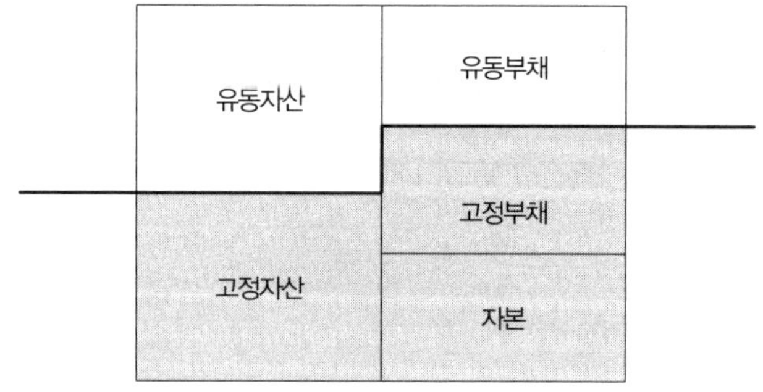

여기에서 건전성 지표의 간단한 연습문제를 해결해 보자(그림49).

 **건전성을 판정해 보자**

문제 A사와 B사의 대차대조표를 비교해서 아래의 1∼5까지의 비율을 구하고, 어느 회사의 재무상태가 보다 건전한지 답하라.

A사

현금	5	외상매입금	10
외상매출금	15	단기차입금	10
재고자산	10	장기차입금	20
토지·건물	30	자본계정	20
합계	60	합계	60

B사

현금	5	외상매입금	20
외상매출금	15	단기차입금	15
재고자산	10	장기차입금	5
토지·건물	30	자본계정	20
합계	60	합계	60

해답

구　　　　　분	A사	B사
1 자기자본비율	33%	33%
2 유동비율	150%	86%
3 당좌비율	100%	57%
4 고정장기적합율	75%	120%
5 고정비율	150%	150%

A사의 재무상태가 건전하다. 자기자본비율은 동일하지만, 반제기일이 가까운 차입금에 충당할 수 있는 자금에 여유가 있고(유동비율, 당좌비율), 바로 환금할 수 없는 자산은 반제의무가 없는 자본금과 반제기일에 여유가 있는 장기차입금으로 충당한다(고정장기적합율).

7. 차입금을 갚는데 필요한 현금흐름은?

앞에서 설명한 자기자본비율을 비롯한 재무의 건전성을 평가하기 위한 지표는 모두 대차대조표의 좌측을 현금으로 바꾸어, 우측의 부채를 반제할 수 있는가하는 관점에서 건전성을 취하고 있다. 단, 실제로 기업은 지속적으로 존재하는 것을 전제로 하고 있으며, 자산을 모두 환금하여 부채를 갚는 것은 기업을 청산할 때 뿐 이다.

차입금의 반제는 어떻게 하는지를 앞의 현금흐름표로 설명하면 영업활동 현금흐름에서 투자활동 현금흐름을 계산한 후에 나머지 현금흐름에서 차입금을 반제한다(차입금의 반제는 마이너스 재무활동 현금흐름이다). 즉 잉여현금흐름(영업활동 현금흐름 – 재무활동 현금흐름)에서 차입금을 반제하는 것이다.

반제에 쓰이는 현금흐름을 간단하게 필요운전자본의 증감 부분을 무시하고 생각하면, '당기순이익 + 감가상각비'가 최대한 반제에 충당할 수 있는 자금이 된다.

그런데 기업활동에서는 신규 설비투자를 하지 않아도, '유지 및 갱신투자'라 불리는 기존의 설비에 대한 관리투자가 아무래도 필요하기 때문에, 그 부분은 갚을 자금에서 공제할 필요가 있다.

이것은 현재 사업이 비슷한 상태로 계속된다(=필요운전자본의 증감이 없고, 신규설비투자도 없다)고 가정할 경우에 차입금의 반제에 필요한 원금을 계산한 것이다.

유지 및 갱신 투자비용이 어느 정도 필요한가는 기업에 따라 다르기 때문에 개별실적에 기초해 산출할 필요가 있다. 단, 외부로부터 기업을 분석할 경우에는 상세하게 알지 못하는 경우도 많이 있다.

한편, 당기순이익은 특별손익 등이 크면 매년 차이가 커지기 때문에, 이익금액을 기초로 사용한다는 관점에서, 과거 몇 년간의 평균을 취하거나 특별손익의 영향을 받지 않는 경상이익에(실효세율을 40%로 가정하고) 60%(=1−40%)를 곱한 것을 사용하거나, 혹은 사업계획에 나오는 장래 예상 숫자를 참고해서, 현재의 사업이 같은 상태로 계속될 수 있는 상태에 적합한 숫자를 쓰도록 한다.

8. 차입금의 상환적기는?

은행은 필요운전자본에 적합한 대출과 그 외의 대출을 나누어 생각할 필요가 있다.

기업의 차입금 중에 필요운전자본에 충당되는 것은 그 기업이 계속해서 사업을 영위하고 있다는 것으로 은행은 비교적 위험이 작은 대출이다. 왜냐하면 필요운전자본은 사업을 계속하고 있는 한 필요하지만, 만약 사업을 그만두어 기업을 청산하게 된다면, 새로 매입하지 않고, 현재 있는 재고자산을 모두 팔고, 외상매출금을 회수하여 외상매입금과 차입금을 지급하면 되므로, 필요운전자본에 투입된 차입금의 회수를 걱정하지 않아도 되는 것이다(이것은 물론, 외상매출금에 큰 회수불능이 없고, 부패된 재고도 없다는 것을 전제로 하고 있다. 차입금에 대하여 외부 또는 내부로부터 자금의 회수 가능성을 체크하는 것은 매우 중요하다).

그런데 고정자산에 투입된 차입금은, 그리 간단하지 않습니다. 특히 설비투자에 사용된 차입금은 그 설비가 물리적으로도 경제적으로도 낡기 전, 즉 그 설비에서 생산되는 제품이 팔리는 동안에 갚아야만 한다. 그 설비가 아주 광범위하게 쓰이는 것이 아니라면 매각해도 낮은 가격에 매각되기 때문에, 차입금의 반제가 극히 어려워 진다.

즉, 설비투자에 사용된 차입금은 그 설비의 물리적·경제적 내용연수가 다하기 전에, 이익을 기초로 차입금을 상환하는 것이 필수적이다.

설비투자에 한하지 않고, 다른 고정자산으로 대상을 넓혀보아도, 원래 고정자산은 매각을 예정하지 않는 자산이다. 따라서 고정자산매각에 의한 차입금반제라는 것은 거의 의미가 없고, 고정자산을 매각해 버렸다면 사업의 계속 자체가 의심스럽다. 그러한 의미에서도 고정자산에 충당되고 있는 차입금은 이익을 기초로 한 상환원금으로 필요하다.

그럼 차입금의 상환적기는 언제까지일까? 한 마디로 하면 지금의 사업 수명이 다하기 전까지이다.

어떠한 사업이라도 계속하여 수익이 발생하는 것은 어렵다. 반드시 수익이 발생하지 않을 때가 온다. 또한 설비에는 물리적·경제적 내용연수가 있다. 기업으로서 보면 현재의 수익구조가 살아있는 동안에 차입금을 반제하는 것이 기업의 건전성을 유지하는 것이다.

또한 설비의 물리적·경제적 내용연수 내에, 사업의 유통기한 내에 차입금을 반제할 수 있다면, 다음의 설비투자나 신규사업을 개시할 때에 새로이 차입하기가 쉽고, 원활하게 투자할 수 있다는 이점도 있다.

9. 상환연수가 10년 이상인 차입금은 주의하라

차입금의 총액에서 필요운전자본금을 제외하고, 반제에 충당 가능한 현금 등의 금액을 공제한 차입금액을 '상환채무'라 한다. 상환채무를 반제원금으로 나누어 몇 년 안에 반제가 가능한지를 계산한 것을 '상환연수'라고 한다.

상환채무 = 차입금총액 – 필요운전자본 – 반제에 충당가능한 현금 등
상환연수 = 상환채무 / 반제원금

기업이 보유하는 설비의 물리적·경제적 내용연수보다, 상환연수기간이 긴 경우, 원금의 반제가능성이 위험스럽다

실무 상에서는 내용연수를 정확하게 파악하는 것은 매우 어렵기 때문에, 이 상환연수 기간이 몇 년까지가 건전한지는 일률적으로 정하기는 어렵지만 경제적으로는 5년 이하가 바람직하고, 10년 이상이면 은행에 있어 안심할 수 있는 기업이라 할 수 없다.

상환연수에 관한 연습문제를 풀어보자(그림50).

다음 대차대조표와 손익계산서를 기초로
1) 각 기의 필요운전자본의 잔액을 계산하고,
2) t기말의 상환연수를 계산하라.
또한 유지갱신투자는 감가상각비의 30%로 한다(t기가 가장 가까운, t-2
기가 그 2기 전이다)

대차대조표			(단위:백만원)	손익계산서			(단위:백만원)
	t-2기	t-1기	t기		t-2기	t-1기	t기
유동자산	4,229	4,469	4,908	매출액	8,017	7,422	7,561
현금	902	893	962	(월매출액)	668	619	630
유가증권	437	558	595	매출총이익	212	181	187
받을어음	263	254	239	판매비와 일반관리비	130	124	129
외상매출금	1,832	1,952	2,061	영업이익	82	57	58
대손준비금	-26	-26	-34				
재고자산	148	184	205	이자수익·배당금	96	87	74
기타 유동자산	673	654	880	기타 영업외수익	26	36	34
				영업외수익 합계	122	123	108
고정자산	482	576	613	지급이자	117	113	92
유형고정자산	25	42	53	기타 영업외비용	13	17	22
무형고정자산	0	0	0	영업외비용 합계	130	130	114
투자 기타	457	534	560				
자산 합계	4,711	5,045	5,521	경상이익	74	50	52
유동부채	3,171	3,605	4,192	특별이익	0	0	0
지급어음	441	402	411	특별손실	11	12	12
외상매입금	694	762	847				
단기차입금	1,947	2,348	2,841	세금공제전당기순이익	63	38	40
기타 유동부채	89	93	93	법인세 등	39	19	20
장기차입금	710	597	480	당기순이익	34	19	20
부채 합계	3,881	4,202	4,672				
자본 합계	830	843	849	감가상각비	7	6	5
부채·자본 합계	4,711	5,045	5,521				

은행은 재무가 건전한 기업을 좋아한다

필요운전자본, 반제가 필요한 차입금의 계산

(단위 : 백만원)

구　　　　　분	t-2기	t-1기	t기
a 필요운전자본	1,108	1,226	1,247
단기차입금	1,947	2,348	2,841
장기차입금	710	597	480
b 차입금 합계	2,657	2,945	3,321
반제가 필요한 차입금(b-a)	1,549	1,719	2,074

상환연수의 계산

1. 과거 3기를 비교해 보면 2기와 가장 가까운 t-2기는 이익의 레벨감 다르다. 또한 매년 동일하게 특별손실이 발생하고 있으므로 특별손실의 '특별'함을 의심하고, 경상이익을 사용하지 않고, t기의 당기순이익 20백만원부터 시작한다. 감가상각비는 t기의 5백만원을 사용해 유지갱신투자 1.5백만원(5×30%)를 공제한다.
2. 반제원금은 : 20+5-1.5=23.5백만원
3. 반제가 필요한 차입금은 필요운전자본을 공제한 것만으로는 상기와 같이 2,074백만원이지만, 현금이 962백만원 있기 때문에 이를 공제한다. 또한 유동자산 중의 유가증권, 투자 기타 중에는 분명 환금성이 높고, 매각해도 사업의 지속에 지장이 없는 것도 있다고 추정되는데, 내용을 알 수 없기 때문에, 이 연습문제에서는 반제에 충당한다고는 생각하지 않는 것으로 한다. 현금을 반제에 충당해도 좋은지 하는 의문도 있으리라 생각하지만, 유가증권 등에 환금성이 높은 것이 있다고 결정하면, 이것으로 지급하여 충당될 수 있으므로 문제없다고 생각했다.
4. 반제해야만 하는 차입금은 : 2,074-962=1,112백만원
5. 상환연수는 : 1,112÷23.5=47.3년
6. 이 결과를 보면 차입금의 반제는 매우 어렵다고 판단된다.

10. 신규투자에 실패해도 차입금을 갚을 수 있는가?

기업의 건전성지표와 상환연수의 계산은 기업의 실적분석과 미래를 분석하는 것에도 활용할 수 있다. 예를 들면 새로운 투자를 할 경우, 만일에 대비하여 실패에 대한 영향을 체크하는 것과 같다.

1) 현재소유자산(신규 투자분 제외)을 돈으로 바꾸어, 부채를 갚을 수 있는가?
2) 현재 기업의 차입금과 신규투자에 필요한 차입금을 상환하는데 몇 년이 걸릴까?

신규 투자 시 재무적으로 최소한 알아두어야 할 체크 포인트이다.

이러한 체크를 게을리 하면, 신규 투자 부분이이 예정대로의 이익을 올리지 못할 경우, 자금조달에 어려움을 겪게 된다.

건전한 대차대조표를 실현하기 위해서는 상환연수가 짧고 가능한 한 차입금이 적은 쪽이 좋다. 대차대조표의 우측만을 축소하는 것은 불가능하기 때문에 좌측도 똑같이 작게 할 필요가 있다. 그러기 위해서는 쓸모 없는 자산을 위해 불필요한 차입을 하지 않도록 해야만 한다. 그러면 저절로 '건전하고 작은 대차대조표'를 실현할 수 있다.

쓸모 없는 자산이란, 투자한 자금을 회수할 수 없는 자산이다. '돈이 잠자고 있다'는 것은, '돈→물건'으로 회전이 되지 않는다는 뜻이다. '건전한 대차대조표' '작은 대차대조표'를 실현하기 위해서는 돈을 잠재우지 않는 것이 중요하다. 당연하겠지만 돈을 잠재우지 않고, 차입금이 적어지면 이자 지급도 적어져 경상이익도 좋아진다.

돈이 자고 있는지를 확인하는 방법이 '회전기간분석'이다. 투하된 자금을 회수하는 기본은 매출액이다. 몇 개월 분의 매출액에서 회수할 수 있는가하는 관점에서, 대차대조표를 살펴보자는 것이 회전기간분석이다.

분석방법은 간단하다. 손익계산서의 년간 매출액을 12로 나누어 '1개월 당의 평균매출액 = 월매출'을 산출한 다음 대차대조표의 모든 계산을 월매출로 나눈다. 이것이 각 항목의 회전기간이 된다.

예를 들어 월매출액이 천만원이고, 대차대조표의 외상매출금이 천5백만원이라면 외상매출금의 회전기간은 1.5개월이 된다(그림51).

매출의 변동과 함께 대차대조표의 모든 계산의 잔고도 변동된다. 매출이 증가하면 통상적으로 외상매출금도 증가하고 재고도 증가한다. 그러나 실액 베이스에서 움직임을 보고 있어도, 그 변화가 정상인 범위 이내인지, 필요 이상으로 돈이 자고 있는가를 확인하는 것은 간단하지 않다.

회전기간으로 보면 매출이 증가해도 판매조건 등에 큰 변화가 없는 경우, 외상매출금과 재고의 증가방식이 정상이라면 이들 회전기간은 크게는 증가하지 않는다. 반대로 회전기간이 크게 증가했을 때에는 그 자산이 필요이상으로 증가하고, 투자한 자금을 회수할 수 없는 자금이 자고 있는 상태가 될 가능성이 있다.

또한 회전기간에는 특히 외상매출금의 회수기간 등의 경우, 실제로 거래조건과의 비교가 쉽다는 편리함도 있다.

예를 들면 '월말마감, 익월말 2개월 어음지급'이라는 조건으로 거래를 하고 있다고 하면, 외상매출금의 회전기간은 1개월(기말 시점에서 생각해서 1개월), 받을어음의 회전기간이 2개월이 될 것이다.

이른바 '이론치'와 재무제표로부터 계산한 회전기간(=실제치)이 거의 일치하면 문제는 없다. 실제치 쪽이 길면 '기일이 와도 지급하지 않은 외상매출금이 없는지', '지급을 기다리고 있는 어음이 없는지'라는 관점에서, 자산의 내용을 체크해 갈 필요가 있다.

재고를 갖고 있는 방식도 업계에 따라 차이가 있다. 우선 1.5개월을 기준으로 제조업의 경우 '원료 0.5개월, 생산중인 제품 0.5개월, 제품 0.5개월의 합계 1.5개월'이다.

이 회전기간이 매우 긴 경우에는 투자한 자금을 충분히 회수할 수 없는 재고(가격을 내리지 않으면 팔리지 않는 재고, 혹은 더 이상 팔리지 않는 재고)의 체크할 필요가 있다.

외상매입금, 지급어음은 이른바 매입처로부터의 차입금이다. 이들의 회전기간이 짧아졌다는 것은 예를 들어 지금까지 3개월 기간으로 자금을 빌려 매입했던 것이, 차입기간이 2개월로 단축되어 자금조달이 어렵게 되었다는 것을 의미한다. 이 경우 기업의 신용상태가 의심되고, 매입처가 외상판매에서 현금판매로 변경했다는 것을 생각할 수 있다.

재무분석에서 일반적으로 회전기간 분석에서도 동일기업의 몇 기분의 재무제표를 비교하는 '시계열비교'와, 같은 업종의 다른 기업의 재무제표를 비교하는 '동업타사비교'가 유효하다.

12. 총자산 회전기간의 목표는 1년이다

'총자산회전기간(= 총자산/월매출)의 목표는 12개월'이라는 것을 기억해 두자.

물론 사업에 따라 다르겠지만, 일반적으로 '총자산회전기간 = 1년', 즉 '매출액 = 총자산'이 하나의 목표로, 이것보다도 긴 회전기간의 경우는 필요 없는 곳에 돈이 자고 있을 가능성을 의심해 보는 편이 좋다.

각 자산의 회전기간에 대한 실체를 체크할 경우, 외상매출금, 받을어음, 재고자산과 같은 사업 사이클의 본류에 위치하는 자산 이외의 자산 외에 미수금, 선급금, 가불금, 대부금, 출자금, 자회사주식 등의 회전기간이 증가하는 것을 주의해야 한다.

13. 필요운전자본 회전기간이 장기화되면 주의한다

회사가 문제가 있다고 생각될 때에는 대개 필요운전자본의 회전기간
이 길어진다는 것을 기억해 두자.

필요운전자본 회전기간 = 받을어음 회전기간 + 외상매출금 회전기간
　　　　　　　　　　+ 재고자산 회전기간
　　　　　　　　　　− (지급어음 회전기간 + 외상매입금 회전기간)

이다, 이 목표 기간은 2.5개월이다

　받을어음과 외상매출금을 합계한 회전기간이 약 3.5개월, 재고자산
의 회전기간이 약 1.5개월, 지급어음과 외상매입금을 합계한 회전기간
이 약 2.5개월, 필요운전자본 회전기간이 약 2.5개월이다(일본 상장기
업 평균 필요운전자본 회전기간이다. 그림52).

 필요운전자본 회전기간

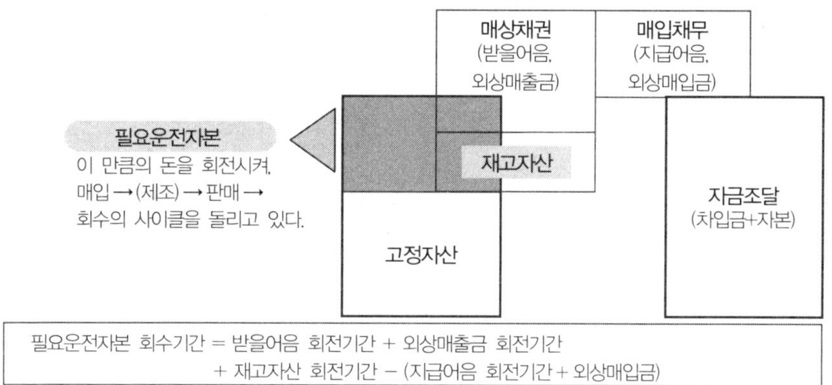

필요운전자본 회수기간 = 받을어음 회전기간 + 외상매출금 회전기간
+ 재고자산 회전기간 − (지급어음 회전기간 + 외상매입금)

참고 받을어음과 외상매출금을 합계한 회전기간이 약 3.5개월, 재고자산의 회전기간이 약 1.5개월, 지급어음과 외상매입금을 합계한 회전기간이 약 2.5개월, 필요운전자본 회전기간이 약 2.5개월이라는 것이 기준

필요운전자본 회전기간이 장기화된다는 것은 '돈→물건→돈'으로의 회전이 그만큼 시간이 걸리게 된다는 것이다.

원인으로서는

① 판매기간의 장기화(제품과다생산)

② 판매대금 회수지연(거래처신용불량)

③ 재고상품의 증가(판매시장 예측 잘못)

④ 외상매입기간 단축(회사 신용저하)

등을 들 수 있습니다.

필요운전자본은 '돈→물건→돈'의 회전의 중심이다. 그 회전기간이 장기화되면 주의해야 한다.

회전기간 분석에 대해 연습문제를 풀어보자(그림53).

 회전기간을 계산해 보자

문제 같은 업계의 라이벌 A사, B사의 대차대조표에 관해,
1) 회전기간을 구하라. 2) 어느 회사의 재무상태가 우수한가?

A사의 대차대조표

매출액 120/년

유동자산		유동부채	
현금	10	지급어음	15
받을어음	30	외상매입금	10
외상매출금	15	단기차입금	50
재고자산	35	**고정부채**	
고정자산		장기차입금	45
토지·건물	35		
기계기구	20	**자본**	25
자산 합계	145	부채·자본합계	145

B사의 대차대조표

매출액 120/년

유동자산		유동부채	
현금	15	지급어음	15
받을어음	20	외상매입금	10
외상매출금	10	단기차입금	30
재고자산	20	**고정부채**	
고정자산		장기차입금	30
토지·건물	25		
기계기구	20	**자본**	25
자산 합계	110	부채·자본합계	110

해답

A사의 회전기간분석

(단위 : 개월)

유동자산		유동부채	
현금	1.0	지급어음	1.5
받을어음	3.0	외상매입금	1.0
외상매출금	1.5	단기차입금	5.0
재고자산	3.5	**고정부채**	
고정자산		장기차입금	4.5
토지·건물	3.5		
기계기구	2.0	**자본**	2.5
자산 합계	14.5	부채·자본합계	14.5

B사의 회전기간분석

(단위 : 개월)

유동자산		유동부채	
현금	1.5	지급어음	1.5
받을어음	2.0	외상매입금	1.0
외상매출금	1.0	단기차입금	3.0
재고자산	2.0	**고정부채**	
고정자산		장기차입금	3.0
토지·건물	2.5		
기계기구	2.0	**자본**	2.5
자산 합계	11.0	부채·자본합계	11.0

재무상태가 좋은 것은 B사

- 총 자산 회전기간을 살펴보면, A사 14.5개월, B사 11.0개월. 동일 매출을 올리는데 B사 쪽이 적은 자본으로 운영하고 있다. 즉 회전이 좋다.
- 받을어음, 외상매출금, 재고자산 모두 A사 쪽이 회전기간이 길다. A사 쪽의 돈이 자고 있을 가능성이 있다.
- 결과를 보면, 필요운전자본 회전기간을 비교해 보면, A사는 5.5개월, B사는 2.5개월로, A사 쪽이 3개월 길고, 그만큼 자금이 필요하다.
- A사 쪽이 뚱뚱한 체질로 여분에 돈을 먹고 있는 것을 알 수 있다.
- 만약 더욱 정보를 취득할 수 있다면, A사의 자산내용을 '돈→물건→돈'의 회전이 잘 되고 있는지 하는 관점에서 조사하고 싶다.

14. 경기침체기에는 차입금을 줄여야 한다

경기침체(디플레이션) 상황에서는 차입금액이 적은 것이 좋다. 디플레이션의 엄격함은 사업계획을 세울 경우를 생각해 보면 잘 알 수 있다. 매출은 '단가×수량'으로 나타나지만, 디플레이션일 때는 물건의 가격이 내려가므로 단가가 떨어지게 된다. 같은 매출액을 유지하려면, 판매량을 증가시키지 않으면 안 되고, 동일한 판매량을 유지하면 매출액은 감소하게 된다.

비용이 매출과 비슷하게 감소하면 손해는 작지만, 비용 속에는 인건비를 비롯하여, '고정비' 등, 매출의 감소에 비례하지 않는 경직적인 비용도 많기 때문이다. 따라서 어떻게든 이익감소에 의한 차입금 반제금액의 감소를 각오해야만 한다. 또한 대차대조표의 좌측에 있는 자산의 가치도 디플레이션 상황에서는 떨어지기 때문에, 자산을 매각해서 얻을 수 있는 매각대금도 이전보다도 적어지게 될 가능성이 있어, 차입금의 반제에 불리하다.

한편 대차대조표 우측의 차입금액은 디플레이션하에서도 전혀 바뀌는 일이 없기 때문에, 실질적으로 반제부담은 커진다. 따라서 디플레이션 상태에서는 상환연수가 길고, 차입금이 많은 기업은 차입금액을 줄이는 노력이 요구된다.

15. 차입금을 줄이는 3가지 방법과 대책

다음은 기업이 차입금을 줄이는 3가지 방법이다.

1) 이익을 올려 갚는다
2) 자산을 줄여서 갚는다
3) 타인으로부터 조달해서 갚는다

'자산을 줄여서 갚는다'는 환금할 수 있는 자산을 매각해서 그 대금으로 갚는 것 이외에,

① 자산 및 부채를 정리하여 '사업'을 매각한다
② 필요운전자본을 줄인다(매출채권의 감소, 재고자산의 감소, 매입채권의 증가)

라는 것도 포함됩니다.

또한, '타인으로부터 조달해서 갚는다'라는 점에서는 다른 은행으로부터 차입하는 것도 생각할 수 있지만, 이것으로는 차입금액은 줄지 않기 때문에, 사업에 매력을 느끼는 전략적인 투자자로부터 주식으로 조달하는 것이, 특히 과잉채무로 고심하는 기업에게 있어서는 본질적인 해답이 될 것이라 생각된다.

제8장
주주는 고수익을 기대할 수 있는 기업을 선호한다

1. 주주는 최대의 이해관계자

앞장에서는 자기자본비율에 대해 설명하였다. 1975년 말, 일본의 상장기업의 평균 자기자본비율은 불과 15%였다. 이에 대해 2000년 말에는 35%를 넘었다. 이것으로 기업의 자금조달에 있어 은행의 지위가 저하되고 주주에 대한 의존도가 높아진 것이 분명히 하다.

그 과정에서 특히 최근에 '기업의 지배구조'가 무너지기 시작했다. 이전에는 주주의 60%가 사주측 주주였으며, 그중 60%가 은행인 구조였다. 그러나 최근에 외국인주주 비율이 2%대(1975년)에서 13%대(2000년)로 상승된 것처럼 할 말 하는 주주가 증가하고 있다.

지금은 심각한 채무과잉기업을 제외하고는 이전의 은행을 대신해, 주주가 기업의 최대 이해관계자 이다.

생각해 보면 당연한 것이겠지만, 주주는 독지가가 아니며, 출자는 기부가 아닌 이상, 주주가 투자의 수익을 위해 이익을 올려 달라고 경영자에게 요구하는 것은 지극히 당연한 것이다.

단, 적어도 10년 전에는 대부분 일본의 경영자는 주주에 대한 수익을 중시했다고는 말할 수 없다. 재무의 관점에서는 좋은 기업을 목표로 할 때, 주주에게 좋은 기업이란 무엇인가를 생각하는 것이 가장 중요하다.

2. 타인의 돈을 사용할 때는 비용이 든다

회사에 돈을 제공하는 사람은 아무런 담보 또는 보증도 기대하지 않고 제공하고 있는 독지가가 아니다. 만약 당신 친구가 새로운 사업을 시작하면서 출자 또는 돈을 빌려달라고 당신에게 부탁하면 의리와 인정은 별개로 하고 순수하게 손익만으로 생각한다고 하면 어떻게 하겠는가?

부탁 받은 자금(예를 들면 100만원)을 낼 여유가 당신에게 있다고 하자. 친구의 회사에 출자한다는 것은 다른 출자나, 돈의 운용 기회를 포기하는 것이다. 그밖에 돈을 투자하면 얻을 수 있는 이자, 배당금, 가격상승이익 등의 수익을 포기한 것이다.

그 이유는 당신은 친구가 앞으로 시작하려는 사업 이야기를 듣고, 사업계획을 보고, '돈버는 사업인가' '위험이 큰가'라는 것을 검토하여 다른 투자 기회와 같거나 그 이상의 수익을 기대할 수 없는 한, 친구의 회사에는 투자를 하지 않을 것이다.

기업에 돈을 빌려주는 은행이나 주주로서 돈을 출자하는 투자자도 같다. 그들은 돈을 투자하면 수익을 얻을 수 있는 다른 기회를 포기한 것이다. 따라서 '타인의 돈은 그냥은 사용할 수 없다'. 타인의 돈을 사용한다는 것은 그 사람이 포기한 다른 기회보다 많은 수익을 되돌려 줄 필요가 있다. 이것이 타인의 돈을 사용할 때에 부담해야만 하는 비용이다.

3. 주주가 요구하는 기대수익은 훨씬 높다

기업에는 은행과 주주라는 2종류의 투자자가 있다. 은행이 기업에 돈을 빌려주며 담보나 보증으로 요구하고 있는 것은 이자이다. 은행에서 돈을 빌리면서 계약서에는 '얼마 빌리는가' '언제 갚는가'라는 것과 함께 반드시 '이자를 얼마 지급할 것인가'가 명기되어 있다.

그럼 주주가 기대할 수 있는 수익은 무엇일까? 주권에는 아무 것도 써 있지 않다. 도대체 주주는 어느 정도의 수익을 투자한 기업에 요구하고 있는 것일까?

여기에서 등장하는 것인 '고위험 고수익' 원칙이다. '위험이 높은 투자를 하는데는 큰 수익이 기대되어야 한다. 그렇지 않다면 위험이 높은 투자는 할 수 없다'는 것이다.

일본에서 가장 위험이 적은 투자는 무엇일까? '나라의 차입금＝국채'이다. 분명 이전과 비교하면 위험도가 높아졌다고 판단되고, 신용 평가도 떨어졌다.

국채로의 투자(＝나라에 대한 대부)와 은행이 일반기업에 대출하고 있는 대부금과 어느 쪽이 위험이 클까? 기업의 대부금이다.

고위험 · 고수익~주주의 요구이익률을 생각하는 방식

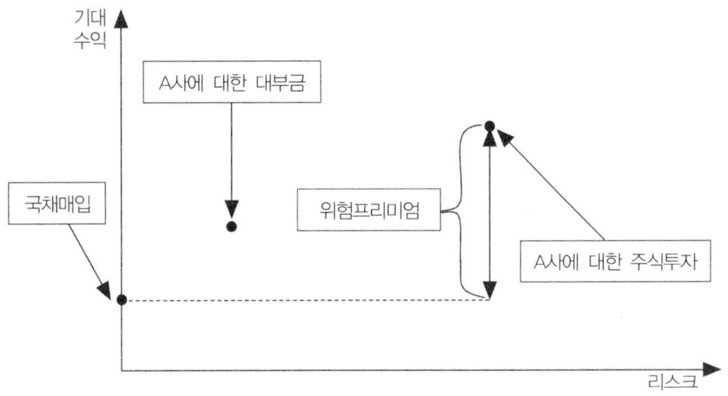

기업에 돈을 빌려(대부금)주는 것과 출자(주식매입)하는 것 중 어느 쪽이 위험이 클까? 출자하는 경우이다(그림54).

같은 기업의 경우 주식을 갖는 편이 대부를 하는 것보다 왜 위험이 큰 것일까?

손익계산서를 생각해 보자. 주주가 소유하는 부분은 매출액에서 영업에 관한 비용(매출원가, 판매비와 일반관리비)을 빼고, 은행에 지급한 이자를 빼고, 또한 세금을 공제하고 마지막에 남은 것이다. 이자의 지급과 주주에 대한 배당금 지급의 관계는 우선 이자를 공제하고, 남는다면 주주에 대한 배당금을 지급하는 순서이다. 단 이자는 정액인 것에 비해 배당은 0일수도 있고, 반대로 막대해 질 가능성도 있다. 배당 쪽이 좋은 쪽으로도 나쁜 쪽으로도 변할 가능성이 크기 때문에 보다 위험이 크다는 것이다.

또한 기업이 부도 또는 파산되었을 때를 생각해 보자.

주주는 고수익을 기대할 수 있는 기업을 선호한다

우선 가지고 있는 자산을 모두 환금한다. 그리고 우선 차입금 등의 부채를 갚고 돈이 남으면 주주에게 배당한다. 이것이 룰이다.

따라서, 이 경우에 돈이 돌아오는 순서는 차입금이 먼저이고, 주주가 나중이다. 단 여기에서 은행은 대출원금 이상의 자금을 수취하는 것은 불가능하다. 주주 쪽은 소유하는 부분이 0이거나 출자액을 크게 넘는 것도 있을 수 있다. 주식 쪽이 위험(=변동가능성)이 크다는 것을 알 수 있으리라 생각한다.

그럼 주주가 요구하는 수익률은 어느 정도일까?

통상적으로 주주의 요구수익률은 국채의 이익률(위험이 없는 투자이익률이기 때문에 '무위험수익률'이라 한다)에 비해, 어느정도 수익률이 없으면, 주주는 투자를 하지 않으려고 생각한다.

주식투자에 요구되는 수익률을 '위험프리미엄'이라고 한다(그림54). 주식은 위험이 큰 만큼, 수익도 크지 않으면 아무도 투자하지 않는다. 반대로 주식을 투자하는 사람은 그 위험에 맞는다고 생각할 수 있는 부분만큼 높은 이익률(위험프리미엄)을 얻을 수 없다면 투자를 하지 않는다.

위험프리미엄은 일반적으로는 5% 정도이다. 만약 국채 이자가 3%라면, 주식에 요구되는 이이률은 8% 정두이다. 차입금보다 큰 수익을 주주는 요구하는 것이다.

여기에서 말하는 위험프리미엄이란 정확히 말하면 '시장 위험프리미엄'이며, 주식시장 전체와 같은 구성비를 갖는 투자 포트폴리오에 투자한 경우에 요구되는 프리미엄이다. 개별 주식의 위험프리미엄은 마케팅 위험프리미엄에 '베타(β)'라는 수치를 곱하여 산출한다. 베타는 주식시장 전체의 움직임에 대해, 움직임의 폭이 큰 주식은 '$\beta > 1$', 폭이 주식 시장 전체의 움직임 보다 작은 주식은 '$\beta < 1$'이 된다.

따라서 개별주가 요구하는 이익률은 '무위험수익률 + (β × 시장위험 프리미엄)'이다(그림55, 56).

그림55 주식의 기대 수익률

CAPM(Capital Asset Pricing Model)이라는 파이낸셜 이론에 기초하여, 주식의 기대 이익률 산정방법은 다음과 같다.

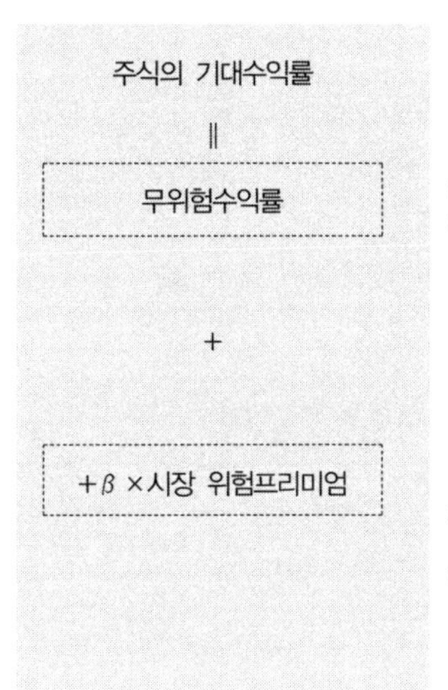

□ 무위험수익률로서는 국채의 이익율을 사용한다.
□ 계속기업(기업이 미래 영구 존속한다는 것)을 전제로, 장래의 예상 현금흐름을 현재 가격으로 할인해서 기업가치(주주가치)를 생각할 때에는 장기적으로 보아 타당하다고 여겨지는 이자를 사용한다(현 상황의 금리가 계속 이어질지 검토가 필요하다. 차입금 금리에 대해서도 동일하다)

□ β란 주식시장 전체의 변동에 대해 개별주식의 가격 움직임이 어느 정도 연동하고 있는지를 나타낸다.
□ 시장 위험프리미엄이란 주식시장 전체의 수익과 무위험 국채 수익률의 차를 나타낸다.

주주는 고수익을 기대할 수 있는 기업을 선호한다

 개별주식의 수익을 생각하는 방법

개별주식의 수익은, 시장과의 상대적인 관계에서 평가한다.

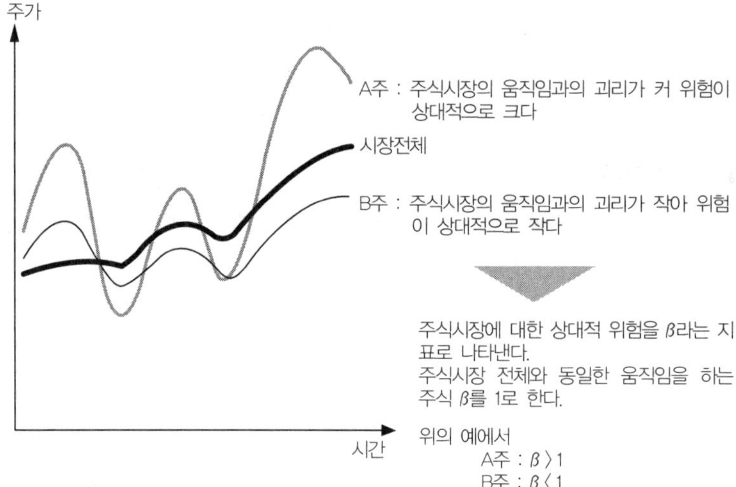

주식시장에 대한 상대적 위험을 ß라는 지표로 나타낸다.
주식시장 전체와 동일한 움직임을 하는 주식 ß를 1로 한다.

위의 예에서
    A주 : $\beta > 1$
    B주 : $\beta < 1$

재무코칭

4. 자본비용은 자금제공자에게 지급하는 비용이다

앞에서와 같이 기업은 은행과 주주라는 기대수익을 요구하는 서로 다른 종류의 투자자가 있다.

기업에 요구되는 수익은 어느 정도면 좋을까?

기업 전체의 기대수익을 계산할 경우 두 종류의 투자자를 정리하여 하나의 투자자로서 생각한다. 은행이 요구하는 수익과 주주가 요구하는 수익을 가중평균해서 모두 합한 수익으로 한다.

은행으로부터 차입금 4%, 주주의 기대수익률을 8%, 투자대상 회사의 대차대조표의 우측에 있는 은행 차입금이 20억원, 주주의 시가총액이 30억원이라고 가중평균된 투자자의 요구수익률의 계산은 그림57과 같다. 이 기업에 대하여 자금제공자(은행과 주주)가 요구하고 있는 수익률이다.

이 가중평균한 수익률을 '자본비용'라 한다. 요컨대 어느 기업에 자금을 제공하고 있는 은행과 주주를 합하여 한 사람의 투자가라고 생각한 경우, 그 투자가는 어느 정도의 수익률을 그 기업에 대해 갖고 있는가 하는 것이다.

 자본비용의 계산

구분	잔고	잔고 웨이트	요구 이율
차 입 금	20억원	40%	4%(세금공제전) → 2.4%(세금공제후) (실효세율은 40%라 가정. 4%×[1−40%]=2.4%)
주식시가 총액	30억원	60%	8%
가중평균한 요구수익률 = 2.4% × 40% + 8% × 60% = 5.76%			

☐ 미공개 기업의 경우 주식시가총액을 대신해, 대차대조표 상의 주주자본의 장부가액을 사용한다.

☐ 단 자기자본비율이 극히 낮은 기업은 차입금액이 커지고, 수익률이 너무 낮아지기 때문에, 기업가치평가에 있어서는 같은 업계의 상장기업의 평균적인 주식시가총액과 차입금의 비율을 사용해 자본비용을 구하는 것이 일반적이다.

☐ 가중평균한요구수익률(=자본비용)은, Weighted Average Cost of Capital이라 부르며, 약자로 WACC(왁)이라 한다.

 자본비용의 계산에 세금공제후 이자를 사용하는 이유

☐ 매출, 영업이익, 총자산, 투하자본(차입금+주주자본)이 같은 2개의 회사가 있다. 한 쪽은 차입금이 없고, 한 쪽은 차입금이 있다.

	A사	B사	A사−B사
총자산	1,000	1,000	−
차입금	0	400	−
주주자본	000	400	−
이자	−	5%	−
매출액	1,000	1,000	0
영업이익	100	100	0
지급이자	0	20	−20
세금공제전이익	100	80	20
세금(가정 : @40%)	40	32	8
당기순이익	60	48	12

□ A사와 B사의 영업이익은 같고, 세금공제전 이익은 지급이자 분의 20 만큼 B사 쪽이 적다. 그런데 세금을 지급한 후의 당기순이익의 차는 12로 축소되었다. 이것은 A사는 은행에는(세금공제 전에) 분명히 20인 이자를 지급했지만, 세금공제 후에 이자는 3%(12÷400, 혹은 5%× [1-40% 〔실효세율〕]로 산출. 보통 차입이자 5%일 경우, 세금공제 전 의 이자를 말한다)

□ 이것은 이자가 손금 산입되기 때문에 지급이자에 맞는 부분만큼, 지급 한 세액이 적게 되는(위의 표 A사와 B사의 세금의 차 8에 상당) 것에 서 생긴다.

□ 기업가치평가에 사용하는 Free Cash Flow(잉여현금흐름)는 세금공제 후의 현금흐름이기 때문에, 이것을 할인하는 할인율에는 세금공제 후 의 이자를 사용할 필요가 있다. 이것이 자본비용의 계산에서 세금공제 후의 이자를 사용하는 이유. 이 예에서는 3%가 이에 해당한다.

□ 한편 주주에 대한 수익은 원래 세금공제 후의 현금흐름으로부터만 지급 할 수 있기 때문에, 이들은 처음부터 요구수익률 = 세금공제후수익률이 된다.

주주는 고수익을 기대할 수 있는 기업을 선호한다

5. 기업실적평가에는 주주의 기대수익도 포함한다

기업의 실적은 통상적으로 손익계산서로 평가된다. 앞에서 서술한 자금제공자 및 타인의 돈을 쓰는데 들어가는 비용이 모두 손익계산서에 표기되는 것일까?

통상 손익계산서에는 은행이 요구하는 차입금에 대한 지급이자 밖에 나타나지 않는다(그림59).

그림59 손익계산서는 은행의 지급이자만 반영된다

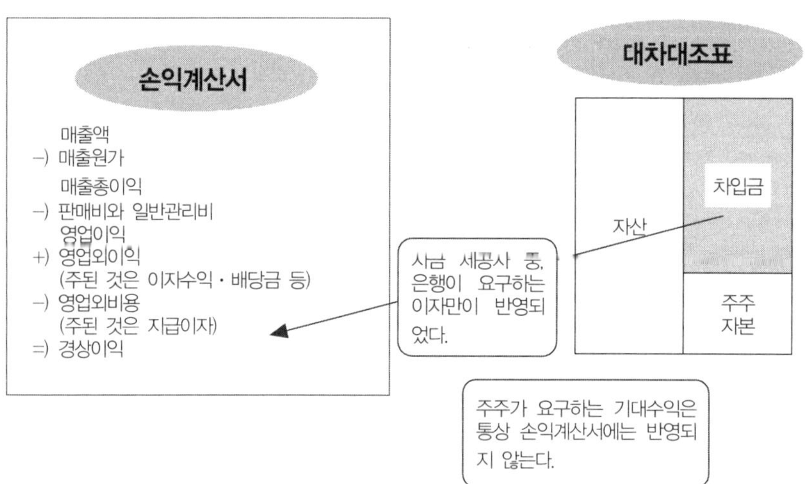

전에는 기업에 있어서 최대 이해관계자는 은행으로, 은행에 이자를 지급하고 남은 '경상이익'이 가장 중요한 실적평가지표였다.

현재는 기업의 최대 이해관계자는 주주이다. 은행에 이자를 지급한 후 경상이익이 흑자라도, 주주가 요구하는 이익배당을 하지 못하면 그러한 기업의 실적은 주주에게 있어서는 만족스럽지 않다.

여기에서 은행도 주주도 모두 기대수익률을 요구한다는 점에서, 회사의 실적을 볼 때, 쌍방에 대한 기대수요를 반영한 형태로 볼 수밖에 없다.

이것을 가능하게 한 지표가 'EVA'(Economic Value Added, 경제적부가가치) 이다. EVA의 계산에는 그림60과 같이 은행이 요구하는 이자를 더하여, 주주가 요구하는 기대수익도 반영되어 있다. 모든 투자자가 요구하는 수익을 초과해 어느 정도 기대수익을 내고 있는지를 보는 것이다.

그림60 **EVA의 사고방식~모든 자금제공자의 요구를 생각한다**

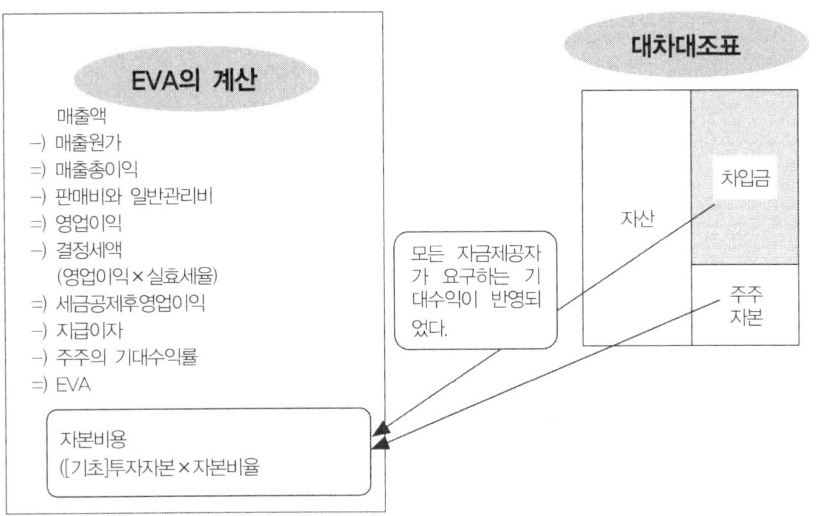

주주는 고수익을 기대할 수 있는 기업을 선호한다

이다(그림61). 따라서 EVA가 플러스라면, 기업이 사용하고 있는 자금에 필요한 비용을 부담하고, 또한 나머지가 있다는 것이다.

같은 실적평가지표에서도 퍼센트로 나타나는 지표(ROE, ROA 등)는, 축소 균형이라도 숫자가 커진다. EVA는 실액으로 표시하기 때문에 반드시 금액 표시가 '큰 것이 좋은 것'이 된다.

그림61 **기본적인 EVA의 계산방법**

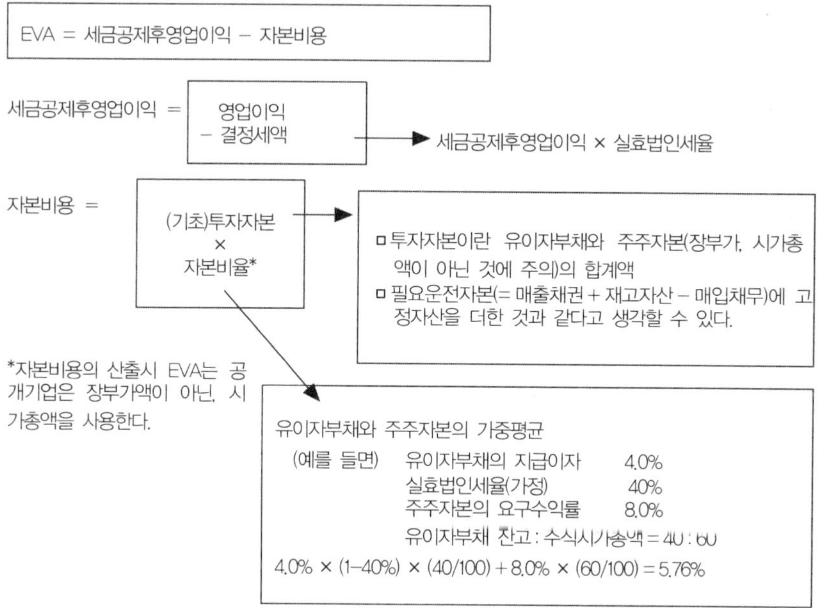

EVA가 마이너스란 어떤 뜻인가? 요컨대 '적자'인 것이다. 차입금에 대해 은행에 이자를 지급할 수 없게 되었다면 어떻게 되는 걸까? 적어도 계약상으로 통상 은행은 기업에 대해 이자뿐만 아니라 원금까지도 기일을 기다리지 않고 반제 받을 권리가 있다. 또한 담보를 제공했다면 은행은 담보를 처분할 권리가 있다. 물론 주주는 그런 것을 요구할 권리는 없다. 그러나 이자를 마련할 수 없는 '경상적자'가 기업경영에 있어 나쁜 것과 동일하게, 'EVA적자'도 나쁜 것이다.

한편 EVA가 플러스라고 해도 손놓고 기뻐할 수만은 없다. 이전에 경상이익이 매우 중시되었던 시대와 비교한다면 'EVA가 0'이 된다는 것은 경상이익이 균형적으로 되는 것과 동일한 것이다. 모두가 손익이 균형적인 기업을 우량기업이라고 생각하지 않는다.

따라서 EVA도 단순히 플러스가 된 것만으로는 예전에 말하는 것처럼 이자지급이 어떻게든 가능한 기업과 같은 수준이다, 우량기업이라고 말할 수 있으려면 EVA의 플러스를 가능한 한 증가해 나가는 것이 필요하다.

EVA 〈 0은	경상적자
EVA = 0은	경상손익 균형
EVA 〉 0은	경상흑자

6. 기업실적 평가지표 사용하는 방법

기업을 평가할 경우에 자본비용을 웃도는 실적을 올리고 있는가 그렇지 못한가는 매우 중요한 평가기준이다. 그런 의미에서 EVA로 대표되는 '자본비용을 감안한 실적평가지표'가 최근에는 자주 사용되고 있다.

그림62 대표적인 기업실적 평가지표

	정의(예시)	특징	한계
ROE	당기순이익 / 자본	□ 주주자본에 대한 이익의 효율성을 측정하는 기본적인 지표 □ 자료 수집이 용이	□ 자본비용의 개념이 없다(단 비교는 가능) □ 비율지표이기 때문에 축소 균형에 빠질 염려 있음 □ 과도하게 차입금에 의존한 경영이 좋다고 여겨질 우려
ROCE	세금공제후영업이익 / 투하자본 (투하자본=유이자부채+자본)	□ 투하자본전체에 대한 이자의 효율성을 측정하는 기본적인 지표 □ 데이터 수집이 용이	□ 자본비용의 개념이 없다(단 비교는 가능) □ 비율지표이기 때문에 축소 균형에 빠질 염려 있음
ROA	사업이익 / 총자산 (사업이익 = 영업이익 + 이자수익·배당수익)	□ 자산의 유효성을 측정하는 자본적인 지표 □ 자료 수집이 용이	□ 자본비용의 개념이 없다(결과 비교도 불가능) □ 투하자본과는 직접 관계가 없고, 투자가의 시점이 희박 □ 비율지표이기 때문에 축소 균형에 빠질 염려 있음
EVATM	세금공제후영업이익 - 자본비용 (자본비용 = 기초투자자본×WACC)	□ 자본비용의 개념을 이용한 지표 □ 절대치 표시이기 때문에 가치창조의 목표로서 알기 쉽다	□ 기본적으로 이익지표이며, 단기적으로 자산축적만 하여 투자기회를 잃게 될 염려(필요한 설비투자를 하지 않는 등)

　　EVA 이외에 실적평가에 자주 사용되는 지표를 정리한 것이 그림62 이다.

　　ROE(주주자본이익률)는, 주주자본에 대해 주주의 소유분인 당기순이익이 어느 정도 있는가를 본다. 주주자본에 대한 수익률을 산출하는 지표이다. 계산결과에 대해 주주의 기대수익률을 대비시키면 주주의 요구에 대응할 수 있는지 없는지를 알 수 있다(장부가 기준의 주주자본).

　　ROE에 있어서 주의해야 하는 것은 '소자본인 기업은 ROE가 높게 나오기 쉽다'는 점이다. 특히 과거 실적 침체에 의해 '자본결손'(당기순손실이 쌓여 잉여금이 마이너스가 되어, 자본 부분이 '자본금+자본준비금+법정준비금'보다 적어진 상태. 이른바 주주가 지급한 돈을 빨아들이고 있는 상태. 그림45)인 회사를 평가할 경우에는 주의해야 한다. 분모인 자산이 극히 작을 때에 실적이 조금만 좋아져도 100%를 넘는 ROE가 나오는 경우가 있다. 이러한 경우에 ROE를 사용해 동종업조의 타사와 비교를 하면 극히 잘못된 결과가 된다. ROE나 ROA와 같은 자본구성에 영향을 받지 않는(자금조달 전체에서의 주주자본의 대소에 관계없는) 지표를 사용해 비교할 필요가 있다.

　　ROCE(투하자본이익률)는 EVA의 계산에도 등장하는 '세금공제후영업이익'을 분자로, 투하자본(유이자부채+자본)을 분모로 취한다. EVA의 사고방식과 같이 사용할 수 있는 지표로, 자본비용과 비교해서 실적을 측정할 수 있다. 단, 비율지표이기 때문에 축소균형이라도 높게 나올 수 있다. 성장을 목표로 하고 있는 기업의 경우에는 ROCE가 높은 것은 좋지만, 그렇게 단순히 기뻐할 수 없는 경우가 있기 때문에 사용법에 주의할 필요가 있다.

ROA(총자산이익률)는 재무적인 사고방식의 정확함에서는 ROCE가 한 발 앞서지만, 총 투자를 분모로 하고 있기 때문에 사업의 실태와 연상적으로 작용하기 쉽고 알기 쉽기 때문에 자주 사용되는 지표이다. 그대로는 자본비용과 비교를 할 수 없기 때문에 실효세율, 총자산과 투하자본의 비율을 감안해 자본비용을 기초로 한 ROA의 목표치를 만드는 것은 가능하다.

7. 수익금을 처리하는 3가지 방법

앞에서 차입금의 반제방법은 3가지밖에 없다고 하였다. 다음은 수익금을 처리하는 3가지방법이다.

1) 사내에 유보한다(현금, 투자)
2) 차입금을 갚는다
3) 주주에게 갚는다(배당, 자사주매입)

주주가 기대하는 이상의 이익률을 그 기업이 올릴 수 있다면, 주주에게 있어서는 배당 등을 하는 것보다도, 사내유보하여 신규사업이나 재투자하는 것이 좋을 수 있다.

단, 현금 등을 둔다거나, 금융자산으로 운용하기 위한 사내유보라면 주주는 반대한다. 왜냐하면 주주는 그 기업이 잘할 수 있는 신규사업이나 설비증설 등의 사업에 돈을 투자하여 돈을 늘려 주는 것을 기대하기 때문이다.

8. 무차입 경영은 반드시 주주를 위하는 것이 아니다

차입금을 갚는 것에 대해서도 무차입 경영이 주주에게 있어서 항상 좋은 것이냐 하면, 그렇지 않다.

그림58와 같은 예를 사용하여, 같은 사업을 하는데, 자기자본만으로 자금조달을 하고 있는 기업과 차입금도 사용해 자금을 조달하는 기업의 주주에 대한 기대수익의 차이에 대해 살펴보자(그림63).

여기에서 자기자본에 대한 기대수익(ROE)을 계산해 보면, A사는 7.5%(60÷800=7.5%), B사는 12.0%(48÷400=12.0%)로 B사 쪽이 높다. B사는 차입금을 사용함으로써 이 사업에 투자되는 자기자본을 적게 유지하고, 자기자본에 대한 이익률을 높이는 것에 성공했다는 것이다.

이것은 마치 차입금을 지렛대와 같이 사용해 자기자본의 이익률을 끌어올린다고 해서, '레버리지 효과'라 불린다. 이것으로 자기자본비율 100%인 회사가 반드시 주주에게 있어 최상은 아니라는 것이다.

단, 이것은 이 사업의 ROI(투하자본이익률, 여기서는 영업이익/투하자본)가 차입이자(이 예에서는 5%) 보다 큰 경우에만 성립한다.

 레버리지에 대하여

그림58과 동일한 예로 레버리지에 대해 생각해 본다.

	A사	B사	A사-B사
총자산	1,000	1,000	–
차입금	0	400	–
자기자본	800	400	–
이자	–	5%	–
매출액	1,000	1,000	0
영업이익	100	100	0
지급이자	0	20	−20
세금공제전이익	100	80	20
세금(가정 : @40%)	40	32	8
당기순이익	60	48	12

자기자본에 대한 이익을 계산해 보면,
　　□ A사　　　7.5% (60 ÷ 800 = 7.5%)
　　□ B사　　　12.0% (48 ÷ 400 = 12.0%)

'ROI = 차입이자' 인 경우는 차입금의 유무에 상관없이, ROE는 동일하다.

'ROI < 차입이자' 인 경우는 차입금이 있는 경우 쪽이, ROE는 적어진다(그림64).

그럼 자기자본 비율이 100%인 회사가 반드시 주주에게 있어서 최상이 아니라고 한다면, 단순히 차입금을 많이 하면 좋다는 이야기인가 하면 그것도 아니다.

장래 이익수준이나 지급이자율은 변동하는 위험이 있기 때문에, 레버리지를 높게 하면 이익감소·이자율상승의 경우에는 이자지급이나 약정대로의 원금을 갚지 못할 가능성이 높아지고, 그것이 반복되면 기업의 도산확률이 높아진다.

주주는 고수익을 기대할 수 있는 기업을 선호한다

내　　　용	그림63의 예 ROI〉차입이자		ROI=차입이자		ROI〈차입이자	
	A사	B사	A사	B사	A사	B사
총자산	1,000	1,000	1,000	1,000	1,000	1,000
차입금	0	400	0	400	0	400
자기자본	800	400	800	400	800	400
이자	5%	5%	5%	5%	5%	5%
매출액	1,000	1,000	1,000	1,000	1,000	1,000
영업이익	100	100	40	40	25	25
지급이자	0	20	0	20	0	20
세금공제전이익	100	80	40	20	25	5
세금(가정 : @40%)	40	32	16	8	10	2
당기순이익	60	48	24	12	15	3
ROE(당기순이익/주주자본)	7.5%	12.0%	3.0%	3.0%	1.9%	0.8%
ROI(영업이익/투하자본)	12.5%	12.5%	5.0%	5.0%	3.1%	3.1%
차입금리	5.0%	5.0%	5.0%	5.0%	5.0%	5.0%

'어느 정도의 차입금이 적절한가' 라는 것은 판단이 어렵지만 적어도 필요운전자본부분에 해당하는 자금은 차입금으로 조달해도 문제없는 것으로 여겨진다. 물론 외상매출금의 회수불능이나 불량재고가 대량 발생하는 일이 없도록 관리하는 것이 전제이다.

앞에서 서술한 5%정도라는 주주가 요구하는 기대수익률 프리미엄은 어디까지나 상장기업에 관한 것이다. 일본의 과거 장기간에 걸친 주주와 국채에 대한 투자현황을 기초로 산출된 것이다.

각각의 투자자는 본래는 다양한 기대와 요구를 기업에 대해 갖고 있다. 단, 불특정 다수인 사람들이 참가하고 있는 주식시장에서 요구수익률을 생각하려고 한다면, 돈에 관한 것으로 측정할 수밖에 없고, 거기에서 나오는 위험프리미엄이 5%라는 것이다.

그럼 주식을 상장하지 않은 기업에 요구되는 위험프리미엄은 어떤가 하면 이것은 기업에 따라 각각 다르다. 기본적으로는 그 기업의 주주가 어떠한 수익을 어느 정도 원하는가 하는 것으로 결정된다. 예를 들면 기업의 대부분의 주식을 소유한 오너가 높은 수익률 보다 종업원의 보수를 높게 지급하는 것이 좋다고 생각한다면 당연히 기대수익률은 낮아진다.

주식시장에 상장하는 본래 목적은 불특정다수의 투자자로부터, 특정다수의 투자자에게 부탁해서는 조달할 수 없는 금액을 어떤 조건으로 자금을 조달하는 것이다. 따라서 기업에 필요한 '자금은 은행차입만으로 충분히 마련할 수 있고, 일반투자자로부터 오너 자신에게 필요없는 높은 기대수익률을 요구받는 것이 싫다고 생각하는 기업에게는 주식시장에 기업을 상장하지 않는 것이 올바른 선택이라고 할 수 있다.

1. 기업가치를 구해 보자

앞장에서는 주주의 요구수익률, 자본비용에 대해 설명하였다. 투자자에게 있어서의 기업가치와 주주가치란 무엇인가에 대하여 생각해 보자.

아래에서 ①부터 ⑮까지의 '설문'이 나와 있다. 스스로 계산기를 이용해 계산해 보기 바란다.

질문1 오늘의 10만원과 1년 후의 10만원

회사 동료인 김대리가 '1년후에 반드시 10만원을 갚을 테니 10만원을 빌려달라'고 하였다. 의리나 인정은 제쳐두고 손익만을 생각하면 어떻게 해야 될까?

① 은행 예금의 이자가 5%라고 한다. 10만원을 예금하면 1년 후에는 얼마가 되겠는가?　　　　　　　　　답 : ＿＿＿＿＿＿ 원

② 김대리와 은행예금의 이자가 5%이다. 김대리의 부탁을 들어주어야만 할까? 거절해야 할까?　　　　답변 : <u>받아들인다</u> or <u>거절한다</u>

③ 김대리와 은행예금의 이자가 5%이다. 김대리로부터 '1년 후에 반드시 10만원 갚을 테니, 얼마든 돈을 빌려 달라'는 부탁을 받았다면, 얼마까지라면 빌려주겠는가?　　　　　　　답 : ＿＿＿＿＿＿ 원

똑같이 은행예금의 이자가 5%라고 한다. 5년 맡겨도 1년당 5%의 이자가 붙게 된다고 정한다. 이자에도 동일하게 5%의 이자가 붙는다고 한다(이른바 복리계산이다).

④ 10만원 맡기면 5년 후에는 얼마나 될까? 답 : ________ 원

⑤ 5년 후에 20만원을 받기 위해서는 지금 얼마를 예금해야 될까?

답 : ________ 원

[1년후에서 5년후까지 10만원을 5번 갚겠다. 5년후에는 10만원에 더해서 50만원을 갚겠다]라면, 얼마까지 돈을 빌려주겠는가?

⑥ 1년후의 10만원은 현재의 답 __________ 원

⑦ 2년후의 10만원은 현재의 답 __________ 원

⑧ 3년후의 10만원은 현재의 86,384원
　　4년후의 10만원은 현재의 82,270원
　　5년 후의 60만원(10만원+50만원)은 현재의 답 __________ 원

⑨ 따라서 ______________ 원까지라면 빌려줘도 좋다는 것이 된다.

다음은 조금 더 금융상품과 같은 것을 생각해 보자. 어느 원룸맨션에 투자해야만 하는지 하지 말아야 하는지를 생각해 보자.

이런 투자물건의 안내가 왔다고 하자.

> ▷ 장소 : 서울 강남구 삼성동
> ▷ 점유면적 35㎡
> ▷ 판매가격 1,800만원
> ▷ 임대 수입 10만원/월
> ▷ 매각시 신축물건이기 때문에 10년 후에도 1,600만원으로 매각 가능하다

당신은 이 조건(집 임대료, 매각가능한가격)을 믿는다고 하자. 매달 10만원, 1년간 120만원 임대료 수입을 받아, 10년후에 1,600만원으로 매각할 수 있다고 믿은 경우, 당신이 생각하는 이 원룸아파트의 가치는 얼마가 되겠는가?

앞 페이지까지와 동일하게, 은행에 1,800만원을 맡긴 경우, 연리 5%로 이자가 붙는다고 하자. 은행에 맡긴 경우와 비교해 손해가 되는 투자는 하고 싶지 않다. 임대료는 모두 연말에 일괄해서 받는 것으로 한다.

이 원룸 아파트의 가치를 구해 보자.

⑩ 1년후에 받는 120만원의 임대료의 현재가치는 114.3만원
　2년후에 받는 120만원의 임대료의 현재가치는 　답 __________만원

⑪ 3년후에 받는 120만원의 임대료의 현재가치는 103.7만원
　4년후에 받는 120만원의 임대료의 현재가치는 98.7만원
　5년후에 받는 120만원의 임대료의 현재가치는 　답 __________만원

⑫ 6년후에 받는 120만원의 임대료의 현재가치는 89.5만원
　7년후에 받는 120만원의 임대료의 현재가치는 85.3만원
　8년후에 받는 120만원의 임대료의 현재가치는 　답 __________만원

⑬ 9년후에 받는 120만원의 임대료의 현재가치는 77.4만원
10년후에 받는 120만원의 임대료의 현재가치는 73.7만원
10년후에 받는 120만원의 임대료의 현재가치는 ⑬ ___________만원

⑭ 위의 계산으로부터 이 원룸아파트의 현재가치는 ⑭ __________만원
이 된다.

⑮ 따라서 이 맨션에, ⑮ (투자해야만 or 투자하지 말아야)한다.

해답

① 105,000	② 거절한다	③ 95,238	④ 127,628
⑤ 156,705	⑥ 95,238	⑦ 90,703	⑧ 470,116
⑨ 824,711	⑩ 108.8	⑪ 94.0	⑫ 81.2
⑬ 982.3	⑭ 1,908.9	⑮ 투자해야 한다	

2. 원룸아파트에 투자해야만 하는가

덧붙여 여기에서 사용한 '현재가치'의 계산방법은 현금흐름할인법(Discounted Cash Flow : DCF법)이라 한다. 이것은 투자대상이 투자 가에 대해 낳는 미래의 현금흐름(현금수익. 원룸아파트의 경우는 임대 수입 및 매각수입)을 예상하고, 이를 어느 할인율로 할인하여 현재의 가치를 계산하는 것에서 붙은 이름이다.

지금까지의 계산으로 원룸아파트의 현재가치는 1,908만원인 것을 알 수 있다.

물건의 가격은 1,800만원이다. 구입해야만 할까? 투자는 이득일까? 손해일까?

가치가 1,908만원인 것이 1,800만원 지급하면 손에 들어오기 때문 에, 이깃은 득이 되는 것이다. 따라서 투자해야만 하다

처음에 투자할 자금을 '투입자본'이라 한다. 이것은 이른바 투자원 가, 투자비용이다. 이 금액보다 투자가치(현재가치)가 크면, 이익이므 로 투자해야한다는 판단이다.

이 투하자본과 현재가치의 차가 실질현재가치(Net Present Value, NPV : 순현가)라 불리는 것으로 투자 판단에서 가장 중요한 지표이다. 실질현재가치가 플러스라면 이익이기 때문에 투자해야 한다. 마이너스라면 손해이므로 투자해서는 안 된다는 것이다.

한편 이 물건은 장래 수입을 5%로 할인한 현재가치가 1,908만원이기 때문에 1,908만원으로 구입하면 투자이익률은 5%이다.

그럼 1,800만원을 지급하고 이 원룸아파트를 사서, 10년간 매년 120만원의 아파트 임대료 수입을 받고, 10년후에 1,600만원에 맨션을 매각한다면 이익률은 몇 %일까?

3. 수익률을 생각해 보자

이익률을 생각한다는 것은 어떠한 것일까요? 앞에서 현재가치를 구한 계산을 기초로 생각해 보자. 계산은,

1년간 임대료 수입의 현재가치	120만원 ÷ (1+5%) = 114.29만원
2년간 임대료 수입의 현재가치	120만원 ÷ $(1+5\%)^2$ = 108.84만원
3년간 임대료 수입의 현재가치	120만원 ÷ (1+5%)3 = 103.66만원
4년간 임대료 수입의 현재가치	120만원 ÷ (1+5%)4 = 98.72만원
5년간 임대료 수입의 현재가치	120만원 ÷ (1+5%)5 = 98.04만원
6년간 임대료 수입의 현재가치	120만원 ÷ (1+5%)6 = 89.55만원
7년간 임대료 수입의 현재가치	120만원 ÷ (1+5%)7 = 85.28만원
8년간 임대료 수입의 현재가치	120만원 ÷ (1+5%)8 = 81.22만원
9년간 임대료 수입의 현재가치	120만원 ÷ (1+5%)9 = 77.35만원
10년간 임대료 수입의 현재가치	120만원 ÷ (1+5%)10 = 73.67만원
10년째의 아파트 매각 수입의 현재가치	1,600만원 ÷ (1+5%)10 = 982.26만원

이것의 합계가 1,908만원이었다.

1,800만원 투자하였을 때의 이익률이란 위 각각의 식의 5%를 바꾸어 합계가 1,800만원이 되는 할인율을 찾는 것이다. 이것을 손으로 계산으로 하는 것은 거의 불가능하지만, PC나 투자계산이 가능한 전자계산기가 있으면 계산할 수 있다. 덧붙여 이 경우는 5.82%가 된다.

바꾸어 말하면 할인율이 5%가 아닌, 5.82%였다면, 이 원룸어퍼투 투자의 현재가치는 1,800만원이 되어, 순현가(NPV)는 0이 된다. 이 순현가를 0으로 하는 이익률(할인율)을 내부수익률(Internal Rate of Return, IRR)이라 한다.

이 실질현재가치와 내부수익률의 관계는 다음과 같다.

- *NPV*를 계산할 때에 사용하는 할인율보다, IRR이 높으면 NPV는 플러스
- *NPV*를 계산할 때에 사용하는 할인율보다, IRR이 낮으면 NPV는 마이너스

4. 원룸아파트와 같은 방식으로 기업의 가치를 본다

원룸아파트 투자의 현재가치를 계산할 때에 사용한 할인현금흐름법 (DCF법)을 사용해, 기업의 가치를 생각해 보자.

반복하지만 DCF법이란 투자대상이 투자자에게 장래의 현금흐름(현 금으로의 수익. 맨션아파트의 경우는 임대수입)을 예상해 이를 어느 할 인율로 할인하여 현재가치를 계산하는 방법이다.

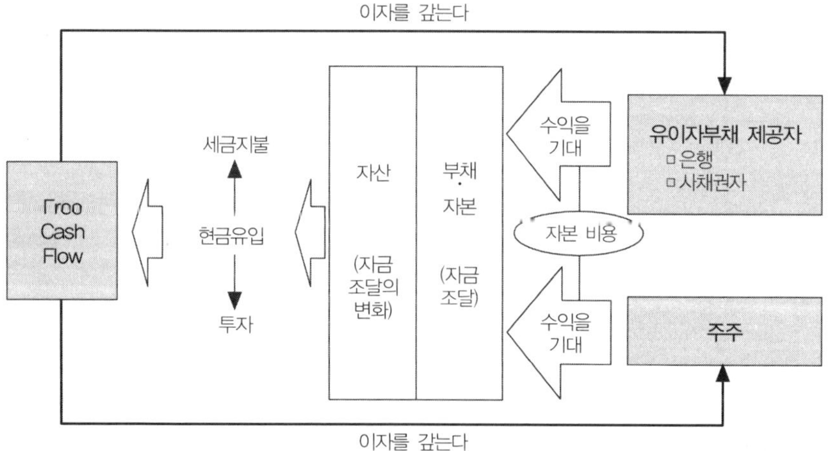

기업으로의 투자자란, 주주와 은행, 기타채권자(유이자부채 제공자)이다.

다음으로 원룸아파트의 임대수입과 같이, 기업이 투자자에 대한 현금흐름에 대해 생각해 보자. 이 현금흐름은 잉여현금흐름(Free Cash Flow)으로 불리고 있다. 의미하는 것은 그 연도에 기업이 벌어들인 현금 중 회사가 존속·성장하기 위해 필요한 투자(필요운전자본투자, 설비투자 등)를 제외하고, 기업이 자유롭게 투자자에게 갚을 수 있는 돈이다(그림65).

잉여현금흐름의 산출방법은 대해서는 그림66을 참조하자.

그림66 **잉여현금흐름의 계산 방법**

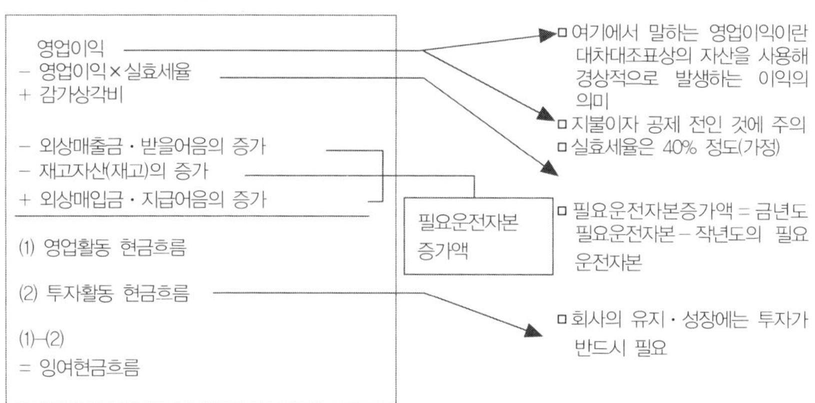

잉여현금흐름의 계산은 이자지급전이익인 영업이익에서 세금 분을 공제한 것으로부터 한다. 세금공제전당기순이익으로부터 시작하는 통상적인 현금흐름의 계산은, 대상기업의 자본구성의 영향을 배제한 것이다(자본구성이란 자본과 유이자부채의 비율을 어떻게 하는가 라는 것이므로 지급이자 금액에 영향을 준다).

자본구성에 관해서는 자본비용(가중평균자본비용=WACC)의 계산에서, 가중평균할 때에 고려된다(그림57. 자본비용을 계산할 경우의 자본구성은 바람직한 자본구성[=사업위험에 알맞은 자본구성]이라는 의미로, 대상기업이 속하는 업계의 평균적인 자본구성을 사용한다. 그렇지 않으면 유이자채무의 구성비가 커, 재무적인 건전성이 걱정스러운 기업쪽이 자본비용이 낮아져, 기업가치가 높게 계산되는 이상한 일이 일어날 수 있다).

잉여현금흐름의 계산은 영업이익에서 결정세액을 뺀 후에는 현금흐름표의 영업활동 현금흐름의 계산과 동일하다. 감가상각비를 더하고 필요운전자본의 증가분을 뺀다. 거기에서 투자활동 현금흐름을 뺀 것이 잉여현금흐름이다.

필요운전자본은 이미 몇 번이나 나온 것처럼 '매출채권+재고자산-매입채무'로 계산한다. 많은 기업은 '매출채권+재고자산'쪽이 '매입채무'보다 크지만, 그럴 경우 매출액이 증가한수록 필요운전자본이 증가한다(그림 67). 즉 그만큼 사업의 자본이 많이 필요하게 된다는 것이다. 필요운전자본 증가액에 대해서는 그림68의 문제를 보자.

필요운전자본이 증가하는 과정

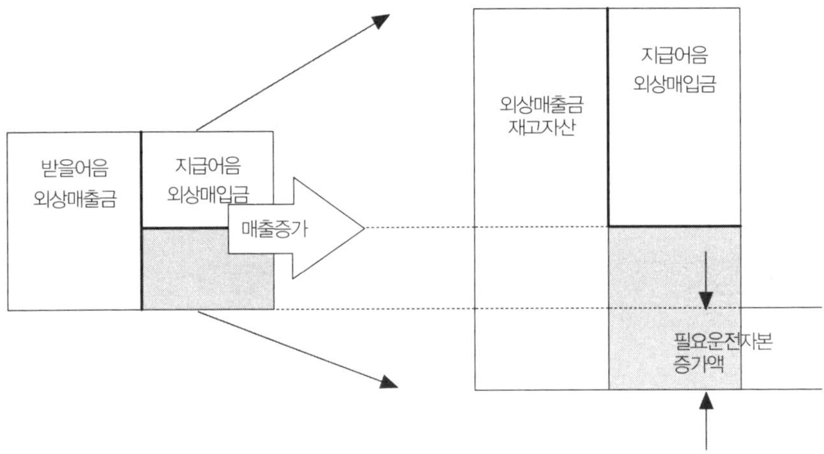

필요운전자본의 증가액은 얼마인가?

문제

▼ 매출증가 · 회전기간 변함없음

매출액	120		
받을어음	20	지급어음	15
외상매출금	15	외상매입금	10
재고자산	15		
필요운전자본 =	?		

매출액	240		
받을어음	40	지급어음	30
외상매출금	30	외상매입금	20
재고자산	30		
필요운전자본 =	?		

필요운전자본의 증가액은 얼마일까?

해답

▼ 매출증가 · 회전기간 변함없음

매출액	120		
받을어음	20	지급어음	15
외상매출금	15	외상매입금	10
재고자산	15		
필요운전자본 =	25		

매출액	240		
받을어음	40	지급어음	30
외상매출금	30	외상매입금	20
재고자산	30		
필요운전자본 =	50		

필요운전자본의 증가액은 얼마일까?

답 : 25 (= 50 − 25)

이제 잉여현금흐름의 계산방법은 아시겠습니까? 확인을 위해 그림 69의 문제를 풀어보자.

 **잉여현금흐름을 계산해 보자**

문제 아래의 재무제표를 사용해 잉여현금흐름의 산출방법에 따라, 잉여현금흐름을 구하라. 실효세율은 40%라고 가정한다.

당기 손익계산서

매출액	120
매출원가	84
(그 중. 감가상각비 4)	
매출총이익	36
판매비와 일반관리비	21
(그 중. 감가상각비 1)	
영업이익	15
지급이자	3
법인세 등	5
당기순이익	7

당기 대차대조표

유동자산		유동부채	
현금	22	지급어음	18
받을어음	23	외상매입금	11
외상매출금	12	단기차입금	28
재고자산	22	고정부채	
고정자산		장기차입금	35
토지·건물	30		
기계기구	20	자본	37
자산 합계	129	부채·자본 합계	129

힌트

전기 대차대조표

유동자산		유동부채	
현금	20	지급어음	15
받을어음	20	외상매입금	10
외상매출금	10	단기차입금	30
재고자산	20	고정부채	
고정자산		장기차입금	35
토지·건물	30		
기계기구	20	자본	30
자산 합계	120	부채·자본 합계	120

주) 고정자산은, 감가상각누계액 공제 후의 숫자. 고정자산의 매각 및 배당금 지급은 없다

	영업이익	15	
−	세금	6	실효세율 40%
=	세금공제후영업이익	9	
+	감가상각비	5	매출원가와 판매비와 일반관리비의 양쪽에 포함된다
−	지급어음·외상매출금의 증가액	5	전기말의 필요운전자본 25
−	재고자산의 증가액	2	당기말의 필요운전자본 28
+	지급어음·외상매입금의 증가액	4	필요운전자본 증가액 3
(− 필요운전자본의 증가액 3)			
=	영업활동 현금흐름	11	
−	투자활동 현금흐름	5	고정자산의 증가액(0) + 감가상각비(5)
=	잉여현금흐름	6	

현금흐름할인법(DCF법)에서 잉여현금흐름(FCF)과 나란히 중요한 요소인 할인율에 대해서는 앞서 주주의 요구수익률에 대해 언급한 자본비용을 사용한다(그림57).

이미 설명한 것처럼 주주의 요구수익률에 포함되는 시장 위험프리미엄의 5%정도라는 숫자는 어디까지나 상장기업을 가정한 것이다.

비상장기업을 평가 할 경우, 특히 M&A에 있어서 비상장기업을 매수하기 위해 기업가치, 주주가치를 산정할 경우에는 플러스 알파의 요소를 고려할 필요가 있다.

상장주식과 비상장주식의 큰 차이는 전자는 팔고 싶을 때에 주식시장에서 매각이 가능한 데 비해, 후자는 매각하려고 해도 사 줄 사람을 발견해 가격을 상대로 교섭해야만 한다는 것이다. 즉, 후자는 전자에 비해 매각에 수고가 생긴다. 이것을 '유동성이 낮다'고 말한다.

비상장주는 유동성이 낮은 만큼 낮게 평가되는 것이 보통이다. 구체적으로는 유동성이 낮은 만큼 주주의 요구수익률을 높이 설정하거나 혹은, 상장기업과 같은 베이스로 산출한 '주주가치'를 유동성이 낮은 만큼 디스카운트한다.

6. 중기 경영계획을 기초로 기업가치를 생각한다

다음 그림70는 어느 기업의 중기 경영계획이다. 이것을 기초로 이 기업의 가치를 구해 보자. 우선 그림70에서 잉여현금흐름을 계산하라. 이하 자본비용(할인율)은 6%, 유이자부채잔액 15억원, 자기자본(장부가) 15억원으로 한다.

기업가치를 산출할 경우, 5~10년 정도의 수지를 예상하여, 거기에서 잉여현금흐름을 구한다. 이 사례의 경우는 5년간의 수지계획에 기초해서 산출하고 있다. 이 수익예상을 하는 기간을 '예측기간'이라 부른다.

예측기간에 대해서는 각 년도의 잉여현금흐름을 현재가치에 할인해 합계한다. 이것이 '예측기간의 잉여현금흐름의 현재가치'이다.

현금흐름할인법(CDF법)에서 기업가치를 산출할 경우, 대상기업은 계속해서 사업을 이어가는 것을 전제로 하고 있다. 이른바 '계속기업법칙'으로 '그 기업은 미래영업으로 존속한다'는 것을 가정한 것이다. 그런데 예상수익을 미래영업으로 행하는 것은 불가능하다. 여기에서 5~10년 정도의 기간만 수익예상 한다고 해서, 그 이후의 기간은 어떻게 하는가 하는 문제가 있다.

문제

(단위 : 백만원)

년(기간)		1	2	3	4	5
매출액		3,100	3,300	3,500	3,750	4,000
매출원가		1,953	2,046	2,170	2,288	2,440
(매출원가비율)		63.0%	62.0%	62.0%	61.0%	61.0%
판매비와 일반관리비		775	809	858	900	960
(매출액, 판매비와 일반 관리비 비율)		25.0%	24.5%	24.5%	24.0%	24.0%
영업이익		372	446	473	563	600
실효세율(가정)		40%	40%	40%	40%	40%
법인세 등		149	178	189	225	240
세금공제후영업이익		223	267	284	338	360
감가상각비		90	100	150	190	240
	(전년도말)					
필요운전자본	583	646	688	729	781	833
(외상매출금)	817	904	963	1,021	1,094	1,167
(재고자산)	350	388	413	438	469	500
(외상매입금)	583	646	688	792	781	833
필요운전자본 증가액		62	42	42	52	52
투자		110	390	240	350	110
잉여현금흐름						

(단위 : 백만원)

년(기간)	(전년도말)	1	2	3	4	5
매출액		3,100	3,300	3,500	3,750	4,000
매출원가		1,953	2,046	2,170	2,288	2,440
(매출원가비율)		63.0%	62.0%	62.0%	61.0%	61.0%
판매비와 일반관리비		775	809	858	900	960
(매출액, 판매비와 일반관리비 비율)		25.0%	24.5%	24.5%	24.0%	24.0%
영업이익		372	446	473	563	600
실효세율(가정)		40%	40%	40%	40%	40%
법인세 등		149	178	189	225	240
세금공제후영업이익		223	267	284	338	360
감가상각비		90	100	150	190	240
필요운전자본	583	646	688	729	781	833
(외상매출금)	817	904	963	1,021	1,094	1,167
(재고자산)	350	388	413	438	469	500
(외상매입금)	583	646	688	792	781	833
필요운전자본 증가액		62	42	42	52	52
투자		110	390	240	350	110
잉여현금흐름		141	−65	152	126	438

기업가치와 주주가치는 이렇게 평가한다

실무 상은 예상기간의 최종 연도의 종료 시에 그 회사를 매각한 것으로 가정한다. 이것은 앞에서 나온 원룸 맨션의 예에서, 구입에서 10년 후에 1,600만원으로 매각한다고 가정한 것과 같다. 그리고 매각결정액의 현재가치를 산출하고, 앞에서의 '예측기간의 잉여현금흐름의 현재가치'에 추가한다.

이 매각결정액의 현재가치를 '궁극적가치(Terminal Value)'라 부른다. 이 매각결정액도 잉여현금흐름에 기초하여 계산한다.

예상기간 최종 연도의 다음 해 이후(여기서는 6년째 이후)에도, 예상기간의 최종연도(이 예에서는 5년째)와 동일한 상태로 사업을 계속한다고 가정한다. 동일한 상태란 다음과 같은 상황을 가정하는 것이다.
① 손익계산서, 대차대조표 모두 변화가 없다
② 잉여현금흐름의 계산에 따라 세금공제후영업이익은 5년째와 같다
③ 감가상각도 같다
④ 매출액에 변화가 없기 때문에 필요운전자본의 증감이 없다
⑤ 설비투자는 감가상각으로 고정자산의 규모는 변화가 없다

결국 '필요운전자본의 증감 = 0', '감가상각비 = 투자'가 되기 때문에, '잉여현금흐름 = 세금공제후영업이익'이 된다. 이 사례에서는 시간가치 계산을 위한 잉여현금흐름은 5년째의 세금공제후영업이익과 같은 3억6천만원이 된다.

5년째의 종료 시에 매년 3억6천만원의 현금흐름을 영구히 계속 벌어들이는 기업을 매각한다고 생각해 보자.

매년 같은 금액의 현금흐름의 제공을 약속해 주는 금융상품(예를 들면 채권)의 가치는 매년 현금흐름을 a. 할인율을 r이라 한다면 'a/r'로 계산하여 구한다.

기업가치＝ 예측기간의 잉여현금흐름의 현재가치
□ 예측기간은 통상, 5~10년으로 설정

＋

시간가치 (예측기간 이후의 잉여현금흐름의 현재가치)
□ 예측기간 이후, 잉여현금흐름은 일정하게 상정될 경우가 많다.
□ 예측기간 이후의 잉여현금흐름의 성장을 예상할 경우에는, 예측기간 이후에는 「기본비용 성장률」로 궁극적가치 계산에 사용하는 잉여현금흐름을 할인한다(잉여현금흐름을 a, 할인율을 r, 성장률을 g로 하면, a/(r−g)

＋

사업외자산의 가치 (과잉 현금, 일시적 소유의 유가증권, 유휴토지 등)
□ 그 경우, 성장률 부분만큼 분모가 작아지므로, 시간가치는 크게 산출된다. 성장률 설정은 신중히 할 필요가 있다.

> **주주가치** = 기업가치 − 유이자부채의 평가

주) 이자 수준의 변동에 따라 기업이 갖는 유이자부채의 가치를 산정하는 것이 가능하지만, 일시적으로는 유이자부채의 가치로서 유이자부채의 잔액(장부가)이 이용된다.

이 사례는 3억6천만원÷6%=60억원이라는 것이다. 단 이것은 5년째 말에 매각할 경우의 가격(=5년째 말에서의 현재가치)이기 때문에, 이것을 현재(0년도)까지 5년분, 6%로 할인해야만 한다. 그 결과가 '시간가치'이다.

예측기간의 잉여현금흐름의 현재가치와 시간가치(=예측기간 이후의 잉여현금흐름의 현재가치)를 합계한 것이, 그 기업의 '기업가치'이다. 앞에서의 '주주가치'는 기업가치에서 유이자부채의 잔액을 빼서 구할 수 있다(그림71).

실제로 그림70의 예에 기초하여 기업가치, 주주가치를 계산해 보자(그림72. 이 문제의 기업에는 사업외자산은 없다).

 기업가치평가~기업가치, 주주가치를 계산해 보자

문제

사업외 자산은 없다. (단위 : 백만원)

년(기간)		1	2	3	4	5	기간가치 계산용
매출액		3,100	3,300	3,500	3,750	4,000	4,000
매출원가		1,953	2,046	2,170	2,288	2,440	2,440
(매출원가 비율)		63.0%	62.0%	62.0%	61.0%	61.0%	61.0%
판매비와 일반관리비		775	809	858	900	960	960
(매출액, 판매비와 일반관리비 비율)		25.0%	24.5%	24.5%	24.0%	24.0%	24.0%
영업이익		372	446	473	563	600	600
실효세율(가정)		40%	40%	40%	40%	40%	40%
법인세 등		149	178	189	225	240	240
세금공제후영업이익		223	267	284	338	360	360
감가상각비		90	100	150	190	240	240
	(전년도말)						
필요운전자본	583	646	688	729	781	833	833
(외상매출금)	817	904	963	1,021	1,094	1,167	1,167
(재고자산)	350	388	413	438	469	500	500
(외상매입금)	583	646	688	792	781	833	833
필요운전자본 증가액		62	42	42	52	52	0
투자		110	390	240	350	110	240
잉여현금흐름		141	−65	152	126	438	360
할인율		6%	6%	6%	6%	6%	6%
할인계수		0.943	0.890	0.840	0.792	0.747	

예측기간의 잉여현금흐름의 현재가치		
예측기간 이후의 잉여현금흐름의 현재가치		
기업가치		
유이자부채잔액		1,500
주주가치		

비고) 할인계수에 해당 연수의 잉여현금
흐름 또는 매각결정가액을 곱하면,
현재가치를 구할 수 있다.

사업외 자산은 없다.

(단위 : 백만원)

년(기간)		1	2	3	4	5	기간가치 계산용
매출액		3,100	3,300	3,500	3,750	4,000	4,000
매출원가		1,953	2,046	2,170	2,288	2,440	2,440
(매출원가 비율)		63.0%	62.0%	62.0%	61.0%	61.0%	61.0%
판매비와 일반관리비		775	809	858	900	960	960
(매출액, 판매비와 일반관리비 비율)		25.0%	24.5%	24.5%	24.0%	24.0%	24.0%
영업이익		372	446	473	563	600	600
실효세율(가정)		40%	40%	40%	40%	40%	40%
법인세 등		149	178	189	225	240	240
세금공제후영업이익		223	267	284	338	360	360
감가상각비		90	100	150	190	240	240
	(전년도말)						
필요운전자본	583	646	688	729	781	833	833
(외상매출금)	817	904	963	1,021	1,094	1,167	1,167
(재고자산)	350	388	413	438	469	500	500
(외상매입금)	583	646	688	792	781	833	833
필요운전자본 증가액		62	42	42	52	52	0
투자		110	390	240	350	110	240
잉여현금흐름		141	−65	152	126	438	360
할인율		6%	6%	6%	6%	6%	6%
할인계수		0.943	0.890	0.840	0.792	0.747	

예측기간의 잉여현금흐름의 현재가치	630
예측기간 이후의 잉여현금흐름의 현재가치	4,484
기업가치	5,113
유이자부채잔액	1,500
주주가치	3,613

비고) 할인계수에 해당 연수의 잉여현금
흐름 또는 매각결정가액을 곱하면,
현재가치를 구할 수 있다.

7. 기업가치란 장래수익에 기초한 자산의 평가액이다

여기에서 기업가치의 의미에 대해 생각해 보자. 기업가치의 산출은 장래의 예상 잉여현금흐름을 현재가치로 나누어 행한다. 잉여현금흐름을 만드는 것은 대차대조표의 좌측에 있는 자산이기 때문에, 이것은 '자산을 미래의 예상수익을 기본으로 평가하고 있다'라고 바꾸어 말할 수 있다.

대차대조표의 좌측의 자산을 기업가치로 바꾼 후에 우측을 보면 차입금과 자본이 있다. 은행은 기업의 수익에 의해, 대출금에서 받는 이자나 반제될 원금인 자본을 변동시키는 것은 아니다. 대부처가 번다고 해도 이자를 많이 받거나 대출 원금인 자본을 초과해 반제 받는 것은 아니다. 따라서 '차입금+자본'보다 산출한 기업가치가 크다고 해도 잉여분은 주주가 취하는 부분이다. 또한 반대로 '차입금+자본'보다 기업가치기 적은 경우도, 차입금이 줄어 반제 필요액이 적어지는 일은 없다. 줄어드는 것은 자본입니다.

이것은 은행에서 보면 주주자본은 차입금 반제의 완충물이 되는 것으로 완충물이 클수록 수익이 흔들린 경우의 차입금 반제의 안전도는 높아진다. 이것은 '은행은 자기자본이 많은 기업 쪽이 안심할 수 있다'는 것을 흐름 면에서 나타내는 것이다.

8. 사업외자산은 잉여현금흐름에 영향을 주지 않는다

앞에서 기업가치의 평가는 자산을 장래의 예상수익을 기본으로 평가하는 것이라고 했지만, 이것은 단서가 필요하다. 이것은 잉여현금흐름 평가의 대상이 되는 자산은 어디까지나 잉여현금흐름을 만든 것에 사용된 자산이라는 것이다. 바꾸어 말하면 평가 대상은 사업에 사용되는 자산('사업자산'이라 부른다)뿐이라는 것이다.

즉, 사업에 사용되지 않는 자산은 잉여현금흐름을 현재가치로 할인하여 산정되는 기업가치(물론 시간가치를 포함한다)에는 포함되지 않는다.

그러나 많은 기업은 적어도 사업에 사용되지 않는 자산('사업외자산')을 소유하고 있다. 유휴토지, 잉여현금, 잉여자산 운용을 위한 유가증권과 같은 것이 대표적인 것이다. 물론 사업에 사용되지 않는 자산이라도 기업이 소유하고 있는 이상 가치가 있는 것은 그 자산을 소유하는 기업의 가치에 포함해야 한다.

  기업가치란 최종적으로 '예측기간의 잉여현금흐름의 현재가치'와
'시간가치'와 '사업외자산의 시가'의 합계액이다. 반복하지만, 여기에
서 유이자부채의 가치(차입금의 잔액)를 마이너스 한 것이 주주가치이
다(그림71).

10. 기업가치평가에 사업용 자산에 토지가 포함되는 경우

사업에 사용되는 자산은 가령 포함된 이익(시가와 부가의 차)이 있어도, 시가로 평가해 포함이익 부분을 현금흐름할인법으로 산출한 기업가치에 더하거나, '사업외자산의 시가'에 추가하거나 하지 않는다. 사업에 사용되는 자산의 시가는 이미 잉여현금흐름에 의한 평가에 포함되어 있기 때문이다.

예를 들면 동경근교 지하철역 근처에 있는 공장의 현재 땅값이 이 공장의 토지를 잉여현금흐름을 기초로 평가한 금액보다도 높다는 것은 있을 수 있다.

이 경우 이 토지의 시가를 기업가치평가에 사용했다고 하면, 이것은 공장을 계속하는 것이 아닌, 공장을 그만두고 택지로서 판 가치로 평가한다는 것을 의미한다. 즉 '해산가치'로 평가하고 있는 것이 된다. 어디까지나 계속기업으로 생각한다면, 잉여현금흐름을 기초로 평가해야만 한다(이 경우 공장용지는 최대수익을 올리는 용도로 사용되지 않고, 가장 유효하게 이용되지 않은 것이 된다).

그래도 이 경우, 은행은 토지를 담보로 취해, 토지(주택지로서의)의 시가평가액을 산출하는 것이 가능하다. 그 이유는 기업이 본업인 현금 흐름으로 차입금을 반제 할 수 없을 때에는 토지를 주택지로서 매각하면 대출금을 회수할 수 있다고 생각할 수 있기 때문이다. 은행은 사업의 수익성의 평가가 불가능해도, 담보로 취한 토지의 평가가 가능하면 대출이 가능하다는 사고방식이다.

11. 주주의 관심은 오직 투자자본대비 주주가치이다

주주에게 있어 중요한 것은 자신이 투자한 자금, 이른바 투자비용과 투자처의 가치를 비교해서, 가치가 비용을 웃도는 것이다.

앞에 그림72의 주주가치를 산정한 해답 부분을 살펴보면 기업가치는 51억원, 주주가치는 36억원이라는 결과가 되었다. 이것은 투자자(은행, 주주)에게 있어서 이 기업의 가치이다.

이 예에서는 15억원의 투자비용(=자기자본, 장부가)에 대해, 가치가 36억원이라는 것이기 때문에 주주는 크게 벌어들이게 된다. 이 상태가 '가치창조' 이다. 반대로 투자처의 주주가치가 투하한 주주자본을 밑도는 경우 주주는 손해를 보게 되며, 이것을 '가치파괴'라고 한다.

기업가치를 평가할 경우 항상 주주자본과 주주가치 혹은 투하자본(유이자채권+주주자본)과 기업가치를 비교해서 생각하는 것이 중요하다. 아무리 기업가치가 높아도, 투자자가 이를 손에 넣는데 사용한 금액보다도 적어서는 투자자는 즐겁지 않다.

12. 적대적 매수자가 노리는 것

만약 장부가의 자기자본보다 현금흐름할인법(DCF법)에서 산출된 주주가치가 작다면, 그 기업은 계속기업보다 해산하는 쪽이 주주에게 있어 가치가 높다는 것이 된다. 상장기업으로 시가총액이 장부가의 주주자본을 밑도는 경우도 사정은 동일하다. 이 경우 이론적으로는 주식의 과반수를 매수해서 경영권을 확보하고, 회사의 자본을 환금하여 부채를 갚고 회사를 해산한 다음, 남은 것을 주주에게 나누어주면 매수자는 반드시 돈을 벌어들이게 된다.

현재의 주식시장에는 시가총액이 장부가의 자기자본보다도 매우 작은 기업이 많이 있다. 특히 이와 같은 기업에서 주식소유가 분산되어 있는 기업은 적대적인 매수자에게는 좋은 목표가 된다.

적대적인 매수자가 노리는 것은 해산하여도 돈을 벌어들일 수 있는 기업의 주식을 사 모아 경영권을 확보하여, 사업계획을 다시 세워 수익성을 높이고 주식가치를 높인 다음 매각하거나, 만약 사업 재건이 실패해도 회사를 해산하여 돈을 벌 수 있는 기업이다.

13. 기업가치 향상을 위해 해야하는 것

현금흐름할인법에 의한 기업가치평가의 형태를 전제로 하여 기업가치, 주주가치를 높이기 위해서는 잉여현금흐름을 높이는 것이 필요하다. 잉여현금흐름의 구성요소로 기업이 조절 가능한 것은 다음 3가지이다(그림73).

1) 영업이익
2) 필요운전자본
3) 투자

잉여현금흐름을 높이기 위해서는

1) 이익을 높인다
2) 필요운전자본을 삭감한다
3) 선별하여 투자를 한다(불필요한 투자는 하지 않는다)

는 것이 필요하다.

투자는 장래의 성장의 재료이기 때문에, 어디까지나 불필요한 투자는 하지 않는 것이 중요하다. 즉, 필요운전자본과 고정자산을 축소하고, 대차대조표의 내용을 가능한 한 작게 하여 큰 이익을 올리는 것이다.

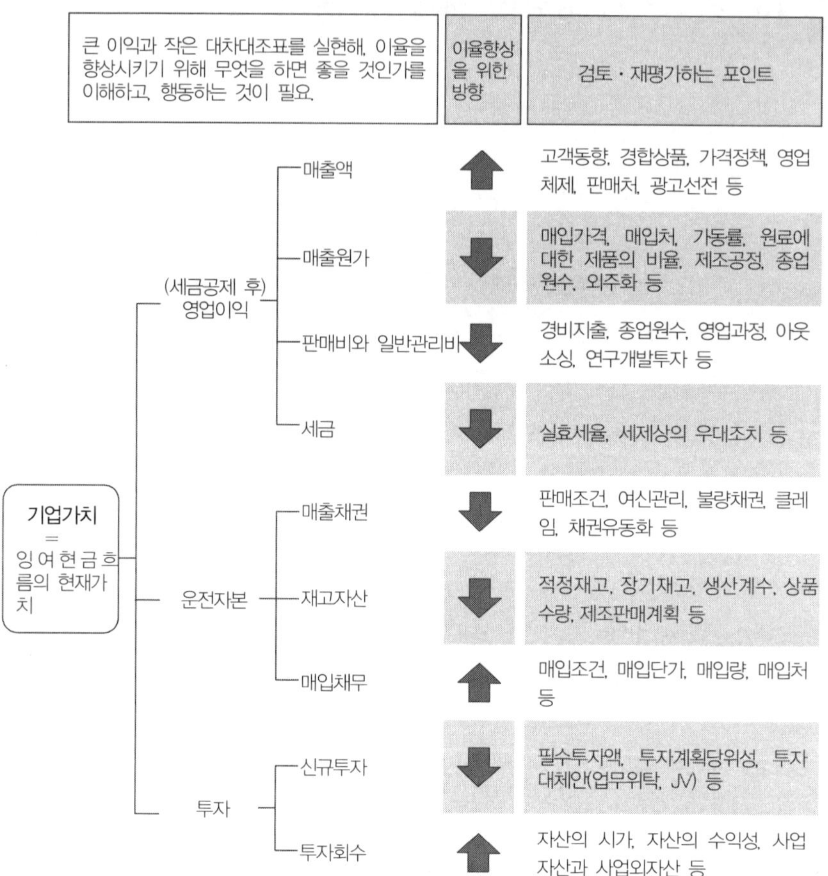

한편 기업가치의 향상을 단년도 기준으로 경제적부가가치(EVA)를 플러스로 하기 위해서는 '세금공제후영업이익/투하자본'을 자본비용보다 높여 자본비용을 초과하는 이익률을 올리는 것이 필요하다. 자본비용을 초과하는 것이 매년 가능하다면, 기업가치의 창조가 이루어진다는 것이 EVA의 이론이다.

이 '세금공제후영업이익/투하자본'을 높이기 위해서는 이익을 높이고 투하자본을 적게 하는 것이 필요하지만, '투하자본 = 유이자부채 + 자본 = 필요운전자본'이기 때문에, 대차대조표를 작게 하는 것과 동일하다.

따라서 기업가치향상을 위한 포인트는 '큰 이익과 작은 대차대조표'라는 것이다.

14. 증권화는 자산 슬림화의 히든카드인가?

작은 대차대조표를 실현하기 위한 '자산의 증권화'에 대해 생각해 보자. 물론 '자산의 증권화'를 실행하기 위하여, 외상매출금을 누락 또는 분산하거나, 본사 빌딩 등의 고정자산을 대차대조표에서 누락할 수 있다면 총자산은 감소하고 일반적으로 이익률은 향상된다.

또한 차입금의 삭감이 긴급 과제인 기업에게 있어서는 유효한 시책이다. 그러나 외상매출 기간의 단축, 업무의 효율화, 본사 종업원수의 감축에 의한 본사 사무 공간의 축소와 같은 사업의 실질적인 변화와 개선이 동반되지 않으면 재무의 겉모습이 좋아졌다해서, 진정한 의미에서 자산의 슬림화가 이루어진 것은 아니다.

이는 본질적인 문제는 해결이 되지 않고 오히려 실태가 나쁜 것을 감추게 되는 경우도 있을 수 있다.

15. M&A의 기업가치 평가방법은 다양하다

M&A에서 특히 비상장기업의 주식가치를 평가할 경우, 현금흐름할인법 하나로 평가하는 것은 드물다. 상장기업의 경우에는 현금흐름할인법에 의한 평가보다도 통상 주가가 중요시 된다.

다음과 같은 평가방법이 병용되는 경우가 많다.

1. 시장비율법/동업종타사의 주가를 기초로 PER, EV/EBITDA비율 등(상세한 것은 그림74)의 지표를 계산하고, 이를 기초로 평가대상기업의 기업가치, 주주가치를 산정 하는 것이다.

   그림74의 문제를 참조하기 바란다. 이들 지표 중에는 자본구성의 차이에 의해 큰 영향을 받지 않는 EV/EBITDA비율이 가장 많이 사용되고 있다. 또한 주가는 미래를 예상하여 가격이 형성되는 것이기 때문에, 시장비율법을 사용할 경우의 영업이익 등의 수치는 실적치가 아닌 예상치를 사용한다.

2. 시가순자산/자산을 시가 베이스로 다시 평가하여, 부채 측에도 이행에 필요한 보증부채 등의 부외 부채를 더하여 자본의 부분(=순자산)을 재평가한 것이다.

   이른바 해산가치를 산정하는 것으로, 계속기업의 평가에는 본래 맞지 않지만, 구입자와 판매자의 사이에서 평가금액에 동의를 얻기 쉽다는 이점이 있다. 또한 시가순자산의 평가는 M&A시, 행해지는 매수감사(due diligence)의 중요한 목적 중 한가지이다.

그림74 시장비율법에 의한 주주가치평가

문제

AI사, TW사, NN사의 아래 데이터를 기초로 아래 표의 공란을 채운 후, 시장비율법을 이용해 3사 평균수치를 사용해 FF사의 주주가치를 산정하라. 시장비율법의 각 지표를 참조한다. 또한 FF사는 비상장기업이다. 비상장주 디스카운트는 30%로 한다.

(단위 : 백만원)

	AI사	TW사	NN사
주가(원)	3,250	1,850	709
발행완료 주식수(천 주)	11,822	15,972	29,115
시가총액(백만원)			
유이자부채(백만원)	7,743	0	12,670
Enterprise Value(백만원)			
(다음기예상) 영업이익(백만원)	4,050	2,900	2,200
(다음기예상) 감가상각비(백만원)	1,217	820	425
EBITDA			
(다음기예상) 당기순이익(백만원)	2,180	1,650	1,000
(다음기예상) 1주당 당기순이익(백만원)			
(다음기예상) 현금흐름(당기순이익+감가상각비)(백만원)			
(다음기예상) 1주당 현금흐름(원)			
(다음기예상) 매출액(백만원)	25,600	26,000	19,000
(다음기예상) 1주당 매출액(원)			
주주자본(백만원)	18,702	26,230	2,958
1주당 주주자본(원)			

	AI사	TW사	NN사	3사 평균
EV/EBITDA 비율				
PER				
PCFR				
PSR				
PBR				

	FF사
발행완료 주식수(천주)	12,870
유이자부채(백만원)	4,950
(다음기예상) 영업이익(백만원)	1,250
(다음기예상) 감가상각비(백만원)	340
(다음기예상) 당기 순이익(백만원)	650
(다음기예상) 매상고(백만원)	8,400
주주자본(백만원)	4,561

FF사의 주주가치에 대해 다음 각각의 지표를 사용해 산출해 보자.

EV/EBITDA배율에 기초한 주주가치		백만원
PER에 기초한 주주가치		백만원
PCFR에 기초한 주주가치		백만원
PSR에 기초한 주주가치		백만원
PBR에 기초한 주주가치		백만원

▼ 시장비율법의 각지표

- Enterprise Value(EV) = 주식시가총액 + 순부채
- EBITDA(Earnings before interest, Tax, Depreciation and Amortization) = 영업이익 + 감가상각비
- EV/EBITDA비율 = EV ÷ EBITDA
- PER(Prixe Earnings Ration) = 주가 / 1주당 당기 순이익
- PCFR(Price Cashflow Ratio) = 주가 / 1주당 현금흐름
- PCFR에 사용하는 현금흐름 = 당기순이익 + 감가상각비
- PSF(Price Sales Ratio) = 주가 / 1주당 매출액
- PBR(Price Book Ratio) = 주가 / 1주당 주주자본

(단위 : 백만원)

	AI사	TW사	NN사
주가(원)	3,250	1,850	709
발행완료 주식수(천주)	11,822	15,972	29,115
시가총액(백만원)	38,422	19,548	20,643
유이자부채(백만원)	7,743	0	12,670
Enterprise Value(백만원)	46,165	29,548	33,313
(다음기예상) 영업이익(백만원)	4,050	2,900	2,200
(다음기예상) 감가상각비(백만원)	1,217	820	425
EBITDA	5,267	3,720	2,625
(다음기예상) 당기순이익(백만원)	2,180	1,650	1,000
(다음기예상) 1주당 당기순이익(백만원)	184.4	103.3	34.3
(다음기예상) 현금흐름(당기순이익+감가상각비)(백만원)	3,397	2,470	1,425
(다음기예상) 1주당 현금흐름(원)	287.3	154.6	48.9
(다음기예상) 매출액(백만원)	25,600	26,000	19,000
(다음기예상) 1주당 매출액(원)	2,165	1,628	653
주주자본(백만원)	18,702	26,230	2,958
1주당 주주자본(원)	1,582	1,642	102

	AI사	TW사	NN사	3사 평균
EV/EBITDA비율	8.8	7.9	12.7	9.8
PER	17.6	17.9	20.7	18.7
PCFR	11.3	12.0	14.5	12.6
PSR	1.50	1.14	1.09	1.24
PBR	2.1	1.1	7.0	3.4

EV/EBITDA배율에 기초한 주주가치	7,442	백만원
PER에 기초한 주주가치	8,508	백만원
PCFR에 기초한 주주가치	8,732	백만원
PSR에 기초한 주주가치	7,291	백만원
PBR에 기초한 주주가치	10,855	백만원

▼ EV/EBITDA비율에 기초한 주주가치

- 9.8배(3사 평균) × (1,250백만원[FF영업이익] + 240백만원[FF감가상각비])
  = 15,582백만원(FF의 EV)
- 15,582백만원(FF의 EV) − 4,950백만원(FF의 유이자부채)
  = 10,632백만원(유동성 디스카운트 전의 주주가치)
- 10,632백만원 × (1 − 30%[유동성 디스카운트]) = 7,442백만원

▼ PER에 기초한 주주가치

- 18.7배((3사 평균) × (650백만원[FF 당기순이익] ÷ 12,870천 주[FF발행완료 주식 수]) = 944.4원(1주 가격)
- 944.4원 × 12,870천 주[FF발행완료 주식 수] × (1−30%[유동성 디스카운트]) = 8,508백만원

▼ PCFR에 기초한 주주가치

- 12.6배((3사 평균) × (650백만원[FF 당기순이익] + 340백만원[FF감가상각비]) ÷ 12,870천 주[FF발행완료 주식 수]) = 969.2원(1주 가격)
- 969.2원 × 12,870천 주[FF발행완료 주식 수] × (1 − 30%[유동성 디스카운트]) = 8,732백만원

▼ PSR에 기초한 주주가

- 1.24배((3사 평균) × (8,400백만원[FF 매출액] ÷ 12,870천 주[FF발행완료 주식 수]) = 809.3원(1주 가격)
- 809.3원 × 12,870천 주[FF발행완료 주식 수] × (1 − 30%[유동성 디스카운트]) = 7,291백만원

▼ PBR에 기초한 주주가치

- 3.4배((3사 평균) × (4,561백만원[FF 주주자본] ÷ 12,870천 주[FF발행완료 주식 수]) = 1,204.9원(1주 가격)
- 1,204.9원 × 12,870천 주[FF발행완료 주식 수] × (1 − 30%[유동성 디스카운트]) = 10,855백만원

제

10장
재무로 지키고 전략으로 공략한다

기업에서 어떠한 경영전략을 세우고 실행한다고 해도, 우선 기업의 '사실'을 알지 못하면 어디부터 손을 대야 좋을지 알 수 없다.

'당연한 이야기인데'하고 생각할 지 모르겠지만, 저자인 나도 알고 있는 범위에서 정확한 사실을 기초로 하지 않고 전략을 세운 경우가 있다.

전략을 실행하기 위해서는 사업수준과 제품수준의 사실 등 기업현황에 대해 정확한 사실을 알아야 한다.

우선 알아야할 사실은 부문별이나 제품별, 고객별 손익이다. 단순히 말하면 돈을 벌어들이고 있는 것을 가능한 한 늘리고, 적자인 것을 그만두면 이익은 증가할 것이다. 그러나 무엇이 벌어들이고 있는 지를 알지 못해서는 손을 쓸 수 있는 방법이 없다. 손익을 볼 때에는 자산에 대해서도 분할이 가능하여 이익률로 볼 수 있으면 최상이다.

가령 시스템적인 과정이 불충분해도 주요 부분만 있으면 많은 노력을 들이지 않고 이익률을 산출할 수 있는 경우가 많다. 대부분의 경우 부문별이나 제품별, 고객별 매출총이익까지 알고 있는 경우가 있다. 다음은 판매비와 일반관리비 중 직접 관계할 수 있는 비용은 조건을 붙여 생각한다. 기타 직접적으로 배부할 수 없는 간접경비 등에 대해서는 무엇이든 합리적이라 여겨지는 룰에 따라, 예를 들면 인수 분할하거나 매출액 비례와 같은 형태로 배부한다.

또한, 자산에 대해서도 부문별이나 제품별, 고객별의 외상매출금, 재고 등은 분명한 경우도 많기 때문에 룰을 결정하여 배부한다.

배부에 관해 중요한 것은 정밀도를 너무 추구하지 않는 것이다. 어느 부분은 딱 잘라 결정할 수 없게 되는 경우가 있다. 궁극적으로 바른 답이 하나만 존재한다는 것은 아니다. 가장 좋지 않은 것은 배부 룰의 정밀도에 연연하여 분석을 시작하지 않는 것이다.

재무의 관점에서 보는 것의 커다란 이점은 같은 상황에서 숫자라는 비교가 용이한 것을 사용해 비교할 수 있다는 것이다. 우선 비교 가능한 상태를 만들어 전체를 바라보는 것이 가장 중요하다.

물론 최종적인 의사결정은 재무 측면 만으로만 되는 것은 아니다. 단 재무 관점에서의 비교는 문제의 소재를 알기 쉬운 형태로 분명히 해 주는 것이 많이 있다. 우선 문제점을 분명히 함으로써 다양한 재평가 논의를 진행할 수 있는 상태로 만드는 것이 중요하다.

사실을 알고 기록하는 연습으로서 어느 기업의 유가증권보고서에 있는 부분별 정보로부터, 각 부분의 EVA, 기타 평가지표를 계산해 보자 (그림75). 자신의 기업은 내부를 이용하여 그 이상으로 자세하게 사업별, 제품별, 고객별 등의 정보를 입수하여, 가공 및 분석할 수 있다.

 시장비율법에 의한 주주가치평가

아래 표의 빈칸을 채워보자

(단위: 백만원, %, 개월)

	사업A	사업B	사업C	사업D	사업E	사업F	비고
매출액	440,935	139,661	358,333	87317	133,514	39,611	
영업이익	24,589	6,264	8,410	1664	5,908	6,177	
총자산	296,353	90,067	203,499	89032	117,258	126,812	
순부채	48,990	13,365	58,007	25643	45,396	41,760	
자본	126,721	40,744	71,316	46155	43,531	25,104	
매출채권	82,518	27,579	53,694	15077	20,883	9,296	
재고자산	47,738	17,866	333,212	11375	28,556	2,495	
매입채무	33,281	14,550	20,541	6306	10,475	6,213	
자본비용(비율)	6.6%	6.6%	6.6%	6.6%	6.6%	6.6%	전 부분에서 동일하다고 가정
투하자본							
필요운전자본							
자기자본비율							
매출액영업이익률							영업이익/매상고
총자산 회전기간							
ROA(총자산 영업이익률)							여기에서는 영업이익/총자산으로 한다
필요운전자본회전기간							
세금공제후영업이익							실효세율 40%(가정)
자본비용(금액)							
EVA(경제적부가가치)							
ROCE(투하자본이익률)							

주) EVA계산에 사용하는 투하자본은 기수의 것이 원칙이지만, 여기에서는 간편하게 기말의 것을 사용하고 있다.

(단위: 백만원, %, 개월)

	사업A	사업B	사업C	사업D	사업E	사업F	비고
매출액	440,935	139,661	358,333	87317	133,514	39,611	
영업이익	24,589	6,264	8,410	1664	5,908	6,177	
총자산	296,353	90,067	203,499	89032	117,258	126,812	
순부채	48,990	13,365	58,007	25643	45,396	41,760	
자본	126,721	40,744	71,316	46155	43,531	25,104	
매출채권	82,518	27,579	53,694	15077	20,883	9,296	
재고자산	47,738	17,866	333,212	11375	28,556	2,495	
매입채무	33,281	14,550	20,541	6306	10,475	6,213	
자본비용(비율)	6.6%	6.6%	6.6%	6.6%	6.6%	6.6%	전 부분에서 동일하다고 가정
투하자본	175,711	54,109	129,323	71798	88,827	66,864	순부채+자본
필요운전자본	96,975	30,895	66,365	20146	38,964	5,578	매출채권+재고자산−매입채무
자기자본비율	42.8%	45.2	35.0	51.8	37.1	19.8	자본/총자산
매출액영업이익률	5.6%	4.5	2.3	1.9	4.4	8.0	영업이익/매출액
총자산 회전기간	8.07	7.74	6.81	12.24	1.054	38.42	총자산/월매출
ROA(총자산 영업이익률)	8.3%	7.0%	4.1%	1.9%	5.0%	2.5%	영업이익/총자산
필요운전자본회전기간	2.64	2.65	2.22	2.77	3.50	1.69	필요운전자본/월매출
세금공제후영업이익	14,753	3,758	5,046	998	3,545	1,906	실효세율 40%(가정)
자본비용(금액)	11,597	3,571	8,535	4739	5,863	4,413	투하자본 × 자본비용(비율)
EVA(경제적부가가치)	3,156	187	−3,489	−3741	−2318	−2,507	세금공제후영업이익−자본비용(금액)
ROCE(투하자본이익률)	8.4%	6.9%	3.9%	1.4%	4.0%	2.9%	세금공제후영업이익/투하자본

3. 사실을 알고 변환시킨다

기업이 제공하는 제품이나 서비스는 다양한 장점과 단점이 있다. 또한, 거기에는 라이프 사이클이 있다. 새로운 것이 상품에 추가된다면, 전에 것은 시간의 경과와 함께 매출이 조금씩 내려가는 것은 피할 수 없다. 또한 디플레이션이 계속화되면 앞에서 서술한바와 같이 현상 유지조차도 점점 더 힘들어진다.

부문, 제품, 거래처로 나누어 손실과 자산에 대한 이익률을 정하면, 다음에 해야만 하는 것은 사업 그 자체나 제공하는 제품이나 서비스의 '변환'이다. 기대되는 새로운 상품, 현재의 돈벌이 상품, 손을 쓰지 않아도 벌어들이는 오랜기간 잘 팔리는 상품, 이들을 잘 변환해 조합하면 전체의 이익률을 올려 기업의 존속과 성장을 실현시키는 것이 경영자가 해야하는 것이다.

이와 같은 검토 시에 자사의 기존 상품에 연구개발 중인 것뿐만 아니라 연합이나 M&A를 통하여 더욱 폭 넓은 사업의 재구축이 가능해진다.

4. 포트폴리오 분석으로 현상을 파악한다

사업의 현황을 분석하는 프레임 워크(생각하는 방법의 구조)로서, 보스턴컨설팅그룹의 '프로덕트 포트폴리오 매트릭스'가 유명하다. 이것은 세로축에 시장의 매력도(시장성장률), 가로축에 자사의 강점(시장점유율)을 취해, 자사의 각 제품/사업을 4그룹으로 구성하여, 각 제품/사업으로의 자원배분, 사업의 선택과 집중을 검토하려고 한 것이다(그림 76).

[그림76] 프로덕트 포트폴리오 매트릭스

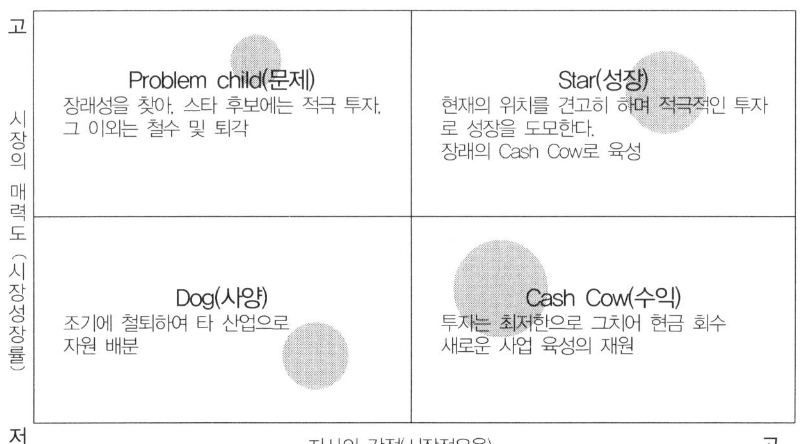

같은 매트릭스에 대하여 재무수치를 기초로 작성할 수 있다(그림77, 그림78). 비슷하게 4그룹으로 분류했다. 가로축에 사업의 실적(자본비용대비손익), 세로축에 자원배분(투하자금대비증감. 그림의 예는 감가상각대비 투자의 증감)를 취한다. 그 때 단년도로 분석하는 것보다도 수년간의 평균치를 보는 편이 특징을 잘 알 수 있다.

이 분석에서 과거의 투자 형태와 사업의 수익성을 동시에 파악함으로써 각 사업의 위치를 실적을 기준으로 각 사업에 대한 향후 진로를 결정하고, 철수·퇴각, 매각, 투자감소, 투자증가, 매수에 의한 사업 확대와 같은 취사선택을 명확히 해 나간다.

그림77 **사업 포트폴리오 매트릭스(재무편)**

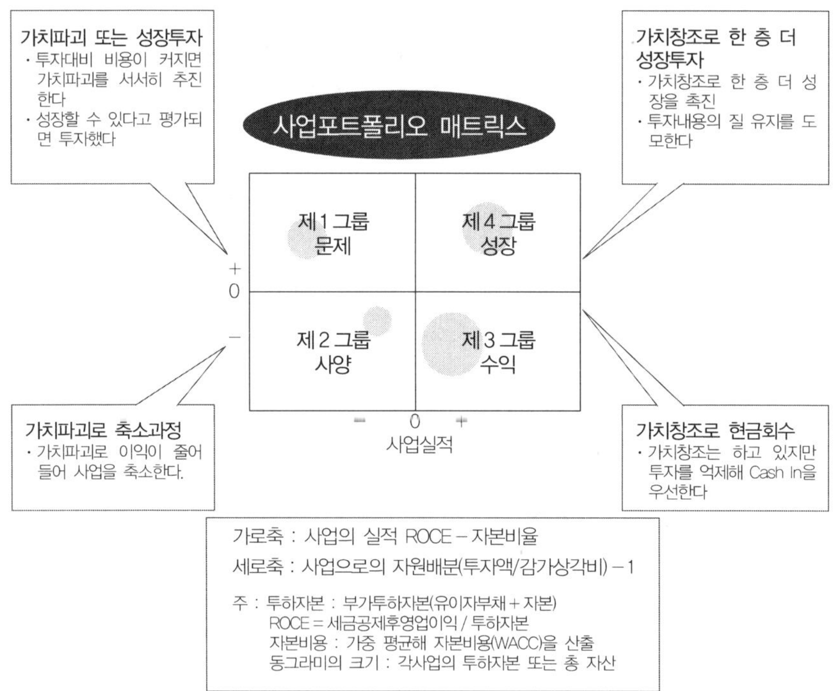

 사업포트폴리오 분석 : 분석사례

사업포트폴리오 분석(과거3기평균)

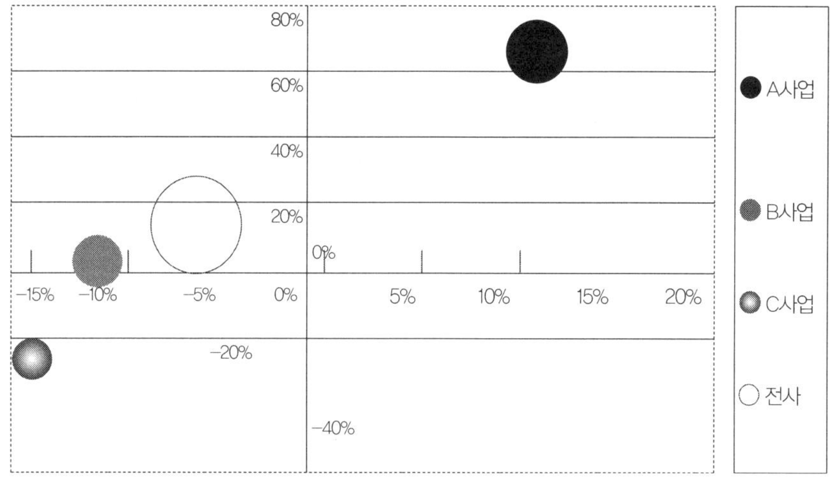

세로축 : 투자액 / 상각비 − 1
가로축 : (세금공제후영업이익 / 투하자본) − 자본비용

특히 신규사업이 아닌 역사 있는 사업에서, 실적이 나쁜데 투하자본
이 증가하고 있는 사업, 즉 10년간 'Problem child'(문제사업)으로 여
겨져 온 사업은 큰 삭감을 할 필요가 있다.

5. 사업현황을 파악하여 변환을 한 사례

　사업포트폴리오를 분석하여 문제사업을 찾아내어서, 사업현황을 파악하여 깊이 파헤쳐, 사업내용을 바꾼 기업의 사례를 소개한다(참고1～참고6).

　우선 각각의 사업부문은 손익계산서와 대차대조표를 구분하여, 이를 기초로 사업포트폴리오 분석을 하였다. 분석한 결과 주력사업부문이 이익을 올리고 있지만 자본비용을 감안하면 최대의 가치파괴를 하고 있고, 게다가 투자자본은 증가를 계속하고 있다. 즉 제1그룹에 위치한 '?'에 위치한다는 의외의 사실이 판명되었다.

　여기에서 이 사업부의 내용을 다시 깊이 알기 위해서 '고객별 매출총이익률(매출총이익률)'을 구하고 이를 '0% 미만', '0%～5% 미만'과 같은 그룹으로 정리해, 각 그룹에 포함되는 고객의 매출액, 매출총액을 집계해서 나열한 결과를 그래프로 그렸더니 영업이익의 마이너스 부분과 플러스 부분으로 2곳에 큰산이 생겼다(그림79). 그래프에는 기본비용을 회수할 수 있는지에 대한 관점에서도 양측에 2개의 산이 있었다(자본비용을 회수할 수 있는 영업이익률은 이 사업부문 내에서는 일정하다고 가정했다).

동시에 누계액을 그래프로 표기한 결과, 매출총이익률 15%미만의 '고객'의 매출누계액이 매출액 전체에 차지하는 비율은 약 50%이지만, 매출총이익률의 누계액은 0이라는 것을 알 수 있었다(그림79).

왜 이와 같은 것이 일어나는 것일까? 바꾸어 말하면 왜 적자거래가 존재하는 것일까?

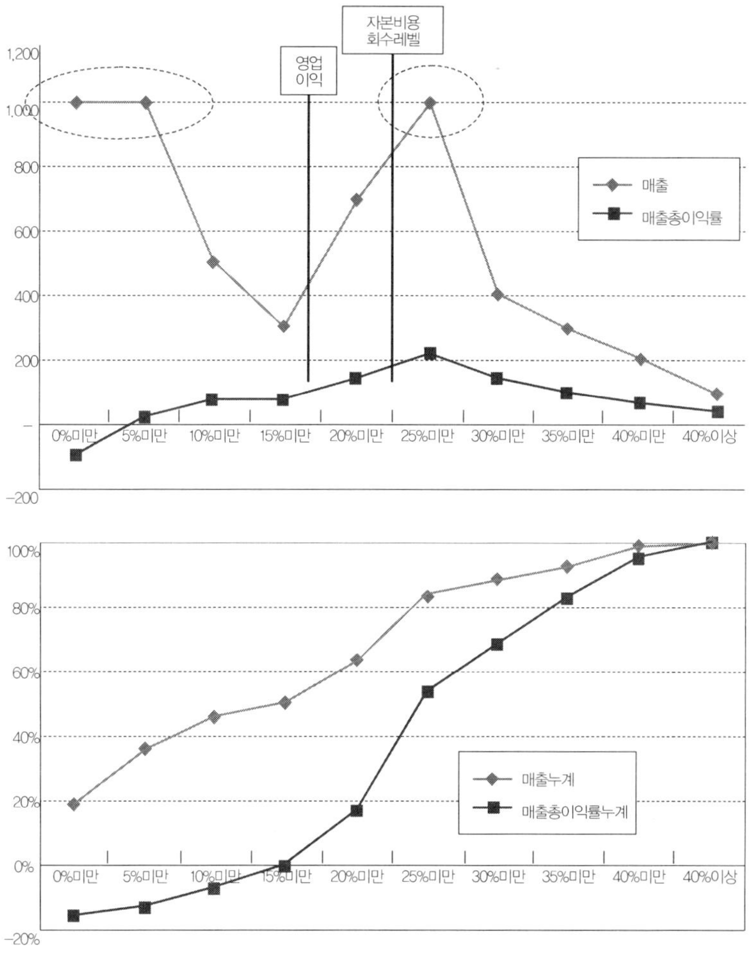

이 사업부문의 공장은 거의 풀 가동했으며, 동시에 영업부문, 납기확인, 클레임 대응 등에 매우 바쁜 상태였다. 공장도 영업도 바쁘게 일하고 있는 현상을 바꾸는 인센티브를 갖고 있는 사람은 없었다. 이와 같은 상황 하에서 '한계이익이 나온다면 생산·판매는 계속'이라는 사고방식에 안주하여 채산성이 없는 거래가 존재하고 있는 것이다.

한계이익의 이유는 비어 있는 생산라인을 우선 메우는 단기의 수익향상에서는 맞지만, 영업이익을 향상시켜 기업가치를 높여가기 위해서는 보다 한계이익이 높은 것으로 변환을 추구해 나가는 것이 불가결하다. 바꾸어 말하면 거래내용을 변환함으로써, 그림79 위의 그래프에서 왼쪽의 혹을 없애고 꺾은선 그래프 전체를 오른쪽으로 움직일 필요가 있다.

그러기 위해서는 예를 들어 ①생산·영업의 가동률을 낮추어 채산성이 없는 거래는 대폭 줄여 변환을 재촉한다, ②조직을 재배치하거나 나누는 등, 한계이익률에 따른 적정고정비구조를 만드는 것이 필요하다.

이 기업에서는 사장의 지휘로 공장의 가동률이 떨어지는 것을 두려워하지 않고, 채산성이 없는 거래를 우선 줄이고 일부는 외주를 주었다. 그 후 영업을 중심으로 한계이익이 보다 큰 거래를 확보하는 것에 집중한 결과 영업이익이 대폭으로 향상되었다.

기업전체, 사업별, 지역별, 제품별, 고객별의 분석을 깊이 파악함으로써, 무엇이 돈을 벌고 있는 사업이고, 무엇이 돈을 벌지 못하는 사업인지를 분명히 하여 사업내용을 바꾸어 수익향상을 실현한 사례이다.

비용에는 성격이 다른 변동비와 고정비 2종류가 있다.

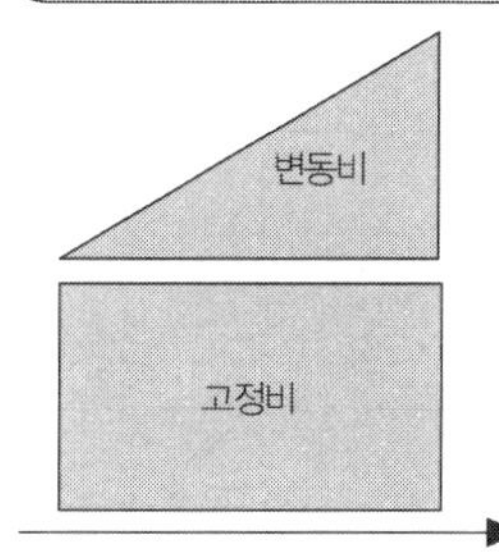

(변동비) 생산·판매 수량에 비례해 드는 비용
- 원재료비
- 연료비
- 판매수수료 등

(고정비) 생산·판매 수량에 관계없이 드는 비용
(생산·판매 수량이 0이라도 드는 비용)
- 인건비
- 감가상각비 등

매출액으로부터 변동비를 제외한 부분('한계이익')에서 고정비를 회수한다.

제품 1개를 판매한 경우

사례1

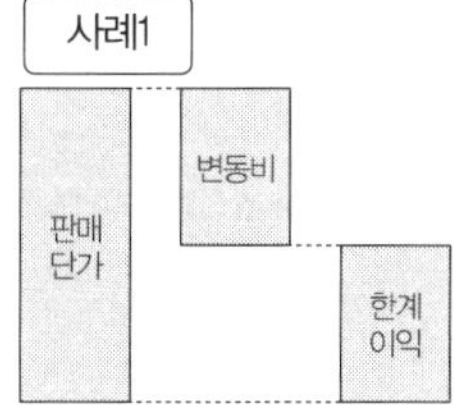

예를 들면 제품 1개당, 판매단가 10천원, 1개당 변동비가 5천원, 고정비가 100천원, 한계이익은 5천원
판매수량 10개 → 총한계이익 50천원 → 손실 50천원
판매수량 20개 → 총한계이익 100천원 → 수지 균형
판매수량 30개 → 총한계이익 150천원 → 이익 50천원

 이 한계이익에서 고정비를 회수

사례2

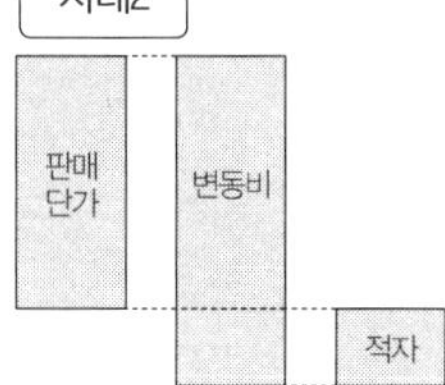

예를 들면 제품 1개당, 판매단가 10천원, 1개당 변동비가 12천원, 고정비가 100천원이라 하면, 한계이익은 ▲2천원. 이 경우 고정비의 회수는 불가능하고, 팔리면 팔릴수록 적자가 커진다.

 판매단가로부터 변동비를 빼면, 적자. 고정비의 회수에 충당할 수 있는 한계이익은 없다. 이 경우 팔리면 팔릴수록 적자.

재무로 지키고 전략으로 공략한다

한계이익에서 고정비를 회수할 수 있으면 이익이 나온다.
한계이익 = 고정비를 회수할 수 있는 매출액, 매출수량을 손익분기점이라 한다.

매출액 전체에서 생각해 보면

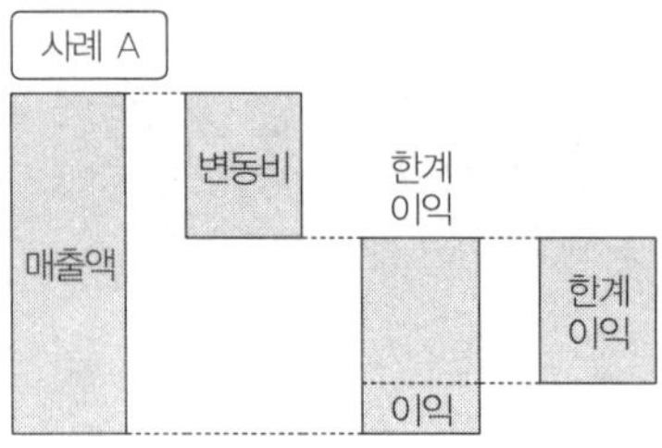

예를 들면 P회사의 지난달 매출액이 60백만원, 변동비가 30백만원, 고정비가 25백만원이라고 하자. 이 경우 한계이익은 30백만원이므로, 이익은 5백만원.

이 예에서 한계이익률(=한계이익/매출액)은 50%이기 때문에, 고정비를 정확히 마련하는 손익분기매출액은 25백만원/50%=50백만원이 된다.

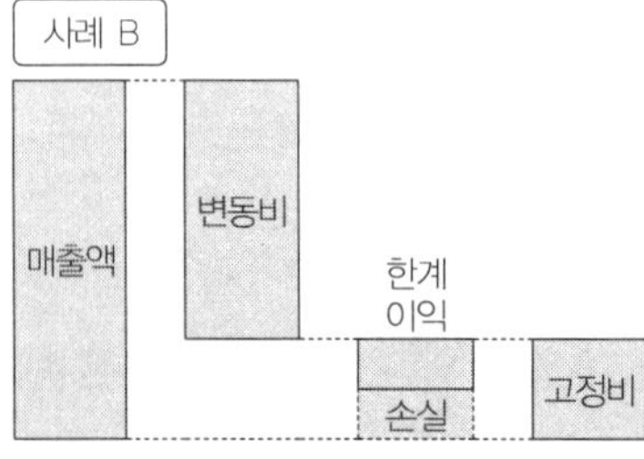

예를 들면 Q회사의 지난 달 매출액이 100백만 원, 변동비가 40백만원, 고정비가 90백만원이라고 합시다. 이 경우 한계이익은 60백만원이므로, 손실은 30백만원.

이 예에서 한계이익률(= 한계이익 / 매출액)은 60%이기 때문에, 고정비를 정확히 마련하는 손익분기매출액은 90백만원 / 60% = 150백만원이 된다.

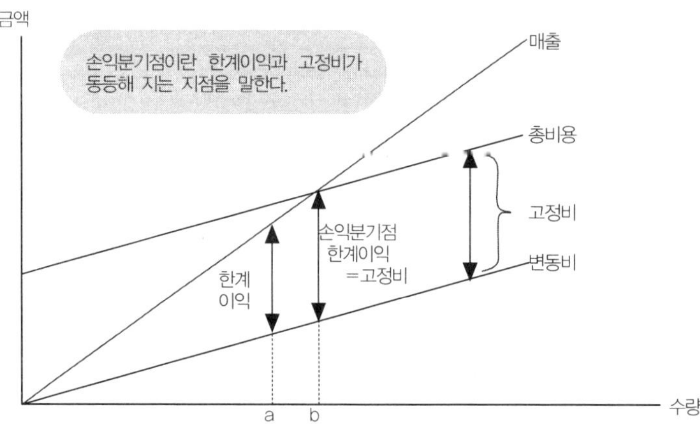

사례1 A공장의 지난 달 매출액은 32백만원, 총비용은 40백만원이며, 8백만원의 적자였다. 지난 달 총 변동비는 24백만원이었다. 손익분기 매출액은 얼마일까?

> 한계이익 = 매출액 − 총 변동비 = 32−24 = 8
> 한계이익률 = 한계이익 / 매출액 = 8/32 = 25%
> 고정비 = 총비용 − 총 변동비 = 40−24 = 16
> （→이것이 수지균형이 되기 위해 필요한 한계이익률）
> 손익분기매출액 = 고정비/한계이익률 = 16/25% = 64(백만원)

사례2 B전기의 지난 달 매출액은 40백만원, 총비용은 34백만원, 총 변동비는 16백만원이었다. 손익 0이 되는 매출액은 얼마일까?

> 한계이익 = 매출액 − 총 변동비 = 40−16 = 24
> 한계이익률 = 한계이익/매출액 = 24/40 = 60%
> 고정비 = 총비용 − 총 변동비 = 34−16=18
> 손익분기매출액 = 고정비/한계이익률= 18/60% = 30(백만원)

사례3 C제조사의 제품×1개당 판매단가는 5.2천원, 1개당 변동비 단가는 2.7천원이다. 고정비가 2,500천원이라 하면, 손익분기매출은 몇 개일까?

> 1개당 한계이익 = 판매단가 − 1개당 변동비 = 5.2−2.7 = 2.5
> 손익분기매출개수 = 고정비/1개당 한계이익 = 2,500/2.5 = 1,000개

문제

적자를 내고 있는 제품 B의 생산을 중지한 경우, 이 회사의 채산은 좋아질 것인가? 단, 제품 B의 생산을 그만두어도 이 회사의 총 고정비는 변하지 않는 것으로 정한다.

제품별 손익계산서

(단위 : 천원)

		제품 A	제품 B
1개당	판매가격	40	30
	제조원가	28	28
	판관비	8	6
	총비용	36	34
	손익	4	▲4
판매(=생산)수량		100	50
총 손익		400	▲200

비고

	제품 A	제품 B
제품 1개당 변동비	20	20

▢ 제조원가 중인 고정비는 총액 1,200천원. A에 800천원, B에 400천원을 배당했다.
▢ 판관비는 모두 고정비. 총액 1,100천원. A에 800천원, B에 300천원을 배당했다.

해답

변동비 · 고정비 분석으로 생각해 본다

		제품 A	제품 B
1개당	판매가격	40	30
	변동비	20	20
	한계이익	20	10
판매(=생산)수량		100	50
총한계이익		2,000	500
고정비		1,600	700
총손익		400	▲200

위 표에서 알 수 있듯이 적자의 제품 B도 한계이익이 나오고 있는 이상, 고정비의 회수에 공헌하고 있다. 만약 대체제품이 없이 제품 B의 생산을 중지하면, 총 고정비 2,300천원을 제품 A로부터의 한계이익만으로 회수해야만 하게 되어 300천원의 적자가 된다.

이것이 변동비 · 고정비 분석의 교과서적인 대답. 즉 한계이익이 나오는 한, 생산을 계속해야한다는 결론이지만, 이것이 장기간 고정화되면 그림75의 해답부분과 같은 결과가 된다.

6. 재무만으로는 공략할 수 없다

재무에는 한계가 있다. 재무를 파악했다 해서 재무를 손대기만 해서는 회사는 성장할 수 없기 때문이다.

투자를 필요이상으로 꺼리면 성장의 기회는 달아나고 만다. 연구개발비의 삭감은 장래 성장의 씨를 없앨지도 모른다. 사원의 교육비용을 필요이상 축소하면 종업원의 잠재능력과 성장을 저해하는 것이다. 재고를 너무 줄이는 것은 결품을 초래하고 매출의 감소를 불러올 수도 있다.

전략을 변경하지 않고 재무만으로 실적을 향상시키려고 하면 비용의 절감과 대차대조표 항목의 숫자축소에 의존하게 되어 한계가 있는 축소균형에 빠지게 된다.

'작은 대차대조표와 큰 이익'을 실현하고, 재무적으로 좋은 회사를 만드는 것은 말하자면 당연히 해야만 하는 것을 제대로 하는 것이다. 이것은 중요한 것이지만 한 번 제대로 하는 시스템이 가능하면, 그 이후의 효과에 대해 극적인 것은 기대할 수 없다. '돈→물건→돈'의 사이클을 돌아 투자자로부터 맡은 자본을 계속적으로 늘려가기 위해서는 그만큼 한계가 있다.

자동차회사는 재무적 구조조정을 하기 때문에 V자 회복하는 것이 아니라 팔리는 차를 다시금 세계에 내놓게 되기 때문에 부활하는 것이다.

또한 '자신의 회사는 재무상황이 나쁘기 때문에 자금조달이 불가능하여 신규사업을 생각할 수도 없다' 등, 사업의 부진을 재무의 탓으로 해서는 안 된다. 매력적인 사업에는 반드시 돈이 붙는다. 지금 시중에는 투자기회를 찾으면서도 갈 곳 없는 돈이 많이 있다. 중요한 것은 사업의 내용과 뚫고 나가고자 하는 의지이다.

7. 재무를 기초로 사업의 실제를 바꾼다

재무는 사업의 실태를 숫자로 반영한 거울이다. 상품의 질이나 속성에 비해 분석하기 쉬운 '숫자'를 검토함으로써, 사업의 실태 면에서 문제점과 과제를 찾아, 내일의 전략을 세우기 위한 것이다. 중요한 것은 그 비율이 떨어졌다 올랐다 하는 것이 아니라 그 재무상의 변화가 사업 활동에 무엇이 일어났기 때문에 나온 것인가를 생각하는 것이다. 그 후 장래를 위해 사업의 실제를 바꾸어 가는 것이다.

재무는 어디까지나 보좌관의 역할이다. 재무를 필요 이상으로 이것저것 생각할 수 있는 시간이 있으면 사업의 실제를 어떻게 바꿀 것인가 하는 지혜를 모아, 매출을 어떻게 늘릴 것인지, 새로운 돈 벌이의 구조는 없는지, 새로운 전략을 생각하는 것에 시간과 노력을 아끼지 말아야 한다.

마치며

마지막까지 읽어주셔서 감사합니다.

이 책이 투하자본을 넘는 가치를 제공해 드렸습니까? '최소의 노력으로 재무를 잡는다'는 목적은 달성하셨는지요? 사업의 실제와 재무와의 관계에 대해 '그런 것이었구나!'하는 정도만 알게 되었어도 매우 기쁘겠습니다.

저는 1998년 Intellasset 입사이래 컨설팅업무와 그룹회사인 Invenio가 기획·운영하는 기업연구 강사로 활동하였습니다. 이 책은 연수에 사용한 교재를 기반으로 쓴 것입니다. 또한 일본흥업은행 심사부에서의 기업심사의 경험과 Intellasset 그룹의 투자설계와 재무 담당으로 경영컨설팅과 M&A 자문 업무를 하였습니다.

이 책의 출판을 위해 나양한 프로섹트에서 서를 빛낼 기회를 수신 Intellasset 그룹 임직원, 일본흥업은행 선배·동료, 기업 여러분, 귀중한 피드백을 주신 연수생 여러분께 깊이 감사 드립니다.

이토 요우

♣ 저자 | 이토 요우

동경대학교 경제학과 코넬대학 존슨스쿨을 졸업하고 일본흥업은행에서 기업
심사와 해외대출관리 업무를 담당하였다. INTELLASSET GROUP에서 재
무・M&A・구조조정분야 컨설턴트와 강사로 활동하였으며, 카피타놀레이즈
주식회사 이사를 역임하고 교린제약에서 근무하고 있다. 저서로는 「사업가
치평가와 전략적리스트럭처링」, 「사업재구축기법」, 「회사의 가치를 높이는
재무전략」 등이 있다.

♣ 감수 | INTELLASSET GROUP

1995년 일본에서 설립하여 기업을 대상으로 교육연수・M&A・브랜드・사
업개발・기업투자 등의 컨설팅 및 투자관련 사업을 하고 있다.

♣ 옮긴이 | 한국재정경제연구소

1986년 8월에 설립하여 기업과 비영리기관의 경제경영・인적자원개발 분야
의 연구조사・교육훈련・컨설팅・출판 등의 사업을 하고 있다.

♣ 감수 | 안상근 공인회계사

성균관대학교 통계학과 및 동대학 경영대학원을 졸업하고 전국신용평가(주)
청운회계법인에서 근무하였으며, 현재 세무회계사무소 대표이다. 저서로는
「법인세 실무해설」, 「회사경리실무」 등이 있다.

재무코칭

2005년 9월 15일 제1쇄 발행
2006년 1월 15일 제2쇄 발행

지은이 | 이토 요우 · 감수 | INTELLASSET GROUP
감 수 | 안상근
펴낸이 | 강석원
옮긴이 |
펴낸곳 | **한국재정경제연구소**
등록번호 | 제2-584(1988.6.1)

주소 | 서울특별시 강남구 대치동 889-5
전화 | (02) 562-4355
팩스 | (02) 552-2210

e-mail | info@kofe.or.kr
홈페이지 | www.kofe.or.kr

ISBN 89-85808-78-8 (13320)
정가 13,000원